Stefan Morschheuser
Integriertes Dokumenten- und Workflow-M

Stefan Morschheuser

Integriertes Dokumenten- und Workflow-Management

Dargestellt am Angebotsprozeß von Maschinenbauunternehmen

D·U·V **Deutscher Universitäts Verlag**
GABLER · VIEWEG · WESTDEUTSCHER VERLAG

Die Deutsche Bibliothek – CIP-Einheitsaufnahme

Morschheuser, Stefan:
Integriertes Dokumenten- und Workflow-Management: dargestellt am Angebotsprozess von Maschinenbauunternehmen /
Stefan Morschheuser. –
Wiesbaden : Dt. Univ.-Verl., 1997
(DUV : Wirtschaftsinformatik)
Zugl.: Erlangen, Nürnberg, Univ., Diss., 1996

ISBN 978-3-8244-2081-0   ISBN 978-3-322-99425-7 (eBook)
DOI 10.1007/978-3-322-99425-7

Der Deutsche Universitäts-Verlag ist ein Unternehmen
der Bertelsmann Fachinformation.

© Deutscher Universitäts-Verlag GmbH, Wiesbaden 1997

Lektorat: Monika Mülhausen

Vorwort

Die vorliegende Arbeit entstand im Rahmen eines vom Bayerischen Forschungsverbund Systemtechnik (BayFORSYS) und vom Verband der Bayerischen Metallindustrie (VBM) geförderten dreijährigen Kooperationsprojekts zwischen dem Bereich Wirtschaftsinformatik I der Universität Erlangen-Nürnberg und dem Maschinenbauunternehmen INA Wälzlager Schaeffler KG (Herzogenaurach). Für die großzügige Unterstützung sei dem BayFORSYS und dem VBM an dieser Stelle besonders gedankt. Ebenso möchte ich dem Projektpartner INA Wälzlager Schaeffler KG und dessen Tochtergesellschaft COI GmbH danken, die mir Gelegenheit gaben, Forschungsergebnisse im Praxisumfeld zu testen.

Mein Dank gilt Herrn Prof. Dr. Dr. h.c. mult. Peter Mertens für die Betreuung der Arbeit, die neben der souveränen fachlichen Anleitung eine Intensivausbildung für effiziente Arbeitsorganisation beinhaltete. Für die Übernahme des Korreferats danke ich Herrn Prof. Dr. Hartmut Wedekind, dem es gelingt, das Wesentliche aus den unüberschaubar vielen Aspekten der Informatik zu extrahieren und zu vermitteln.

Meinen Kollegen am Bereich Wirtschaftsinformatik I der Universität Erlangen-Nürnberg gebührt Dank für ihre Anregungen und kritischen Anmerkungen. Schließlich möchte ich meinen Diplomandinnen, Diplomanden und studentischen Hilfskräften Frau Antje Rechlin, Herrn Jürgen Grah, Herrn Philipp Gunzer, Herrn Andreas Hessenauer, Herrn Oliver Hoff, Herrn Ewald Jezussek, Herrn Marco Meier und Herrn Donald Wachs für ihre engagierte Mitarbeit danken.

Nicht zuletzt die Unterstützung aus dem persönlichen Umfeld entscheidet über das Gelingen einer wissenschaftlichen Arbeit. Hier möchte ich in erster Linie Frau Petra Ludwig sowie meine Eltern, Margarethe und Wolfgang Morschheuser, hervorheben, denen dieses Buch gewidmet ist.

Stefan Morschheuser

V

Inhaltsverzeichnis

VIII

Abkürzungsverzeichnis

Abb.	Abbildung
AODV	Aktionsorientierte Datenverarbeitung
BayFORSYS	Bayerischer Forschungsverbund Systemtechnik
BPR	Business Process Reengineering
CAD	Computer-Aided Design
CAS	Computer-Aided Selling
CBR	Case-Based Reasoning
CD-R	Compact Disc - Recordable
COI	Consulting für Office und Information Management GmbH
d.h.	das heißt
DB2	IBM DATABASE 2
DMS	Dokumenten-Management-System
DMS/WMS	Dokumenten- und Workflow-Management-System
DTP	Desktop Publishing
DV	Datenverarbeitung
E-Dokument	Elektronisches Dokument
E-Dokumentenmappe	Elektronische Dokumentenmappe
E-Formular	Elektronisches Formular
EDIFACT	Electronic Data Interchange for Administration, Commerce and Transport
EIS	Executive Information System
EPK	Elektronischer Produktkatalog
etc.	et cetera
evtl.	eventuell
FMEA	Failure Mode and Effects Analysis
FMS	Formular-Management-System
ggf.	gegebenenfalls
HIPO	Hierarchy of Input-Process-Output
HMD	Handbuch der modernen Datenverarbeitung
i.d.R.	in der Regel
i.e.S.	im engeren Sinne
i.w.S.	im weiteren Sinne
IDV	Individuelle Datenverarbeitung
IDWM	Integriertes Dokumenten- und Workflow-Management - INA Herzogenaurach

IMS	Information Management System
INCAS	INA - Computer-Aided Selling
incl.	inclusive
IV	Informationsverarbeitung
MIPS	Material INA Produktionsplanungs- und -steuerungssystem
o.g.	oben genannte
OCR	Optical Character Recognition
ODAN	Office Document Analysis
OEL	Object-oriented Extensible Language
OMS	Organizational Memory System
PC	Personal Computer
PPS	Produktionsplanung und -steuerung
PREBEX	Preisbildungsexpertensystem
RISC	Reduced Instruction Set Computer
RPN	Risk Priority Number
sog.	sogenannt
SOLA-Ausschuß	Sonderlager-Ausschuß
SQL	Structured Query Language
Tab.	Tabelle
TADDY	Technical Applications Documentation and Decision System
TCP/IP	Transmission Control Protocol/Internet Protocol
TIFF	Tagged Image File Format
TIS	Technisches Informationssystem
u.a.	unter anderem
u.U.	unter Umständen
usw.	und so weiter
UWL	Unterwalzenlager
v.a.	vor allem
VDMA	Verband Deutscher Maschinen- und Anlagenbau e.V.
vgl.	vergleiche
WMS	Workflow-Management-System
WORM	Write Once - Read Multiple
WWW	World-Wide Web
z.B.	zum Beispiel
z.T.	zum Teil

1 Einleitung

1.1 Problemstellung

Die Informationsverarbeitung (IV) in der industriebetrieblichen Praxis basiert zu einem großen Teil auf Papierdokumenten [Spra95, S. 30 und 33 f.]. Das Nebeneinander papiergestützter Dokumenten- und elektronischer Datenverarbeitung hat zahlreiche Nachteile zur Folge: lange Durchlaufzeiten von Dokumenten, Fehler durch Medienbrüche, hohe Raum- und Betriebsmittelkosten zur Archivierung etc. Besonders gravierend wirkt sich jedoch aus, daß die Informationen auf Papierdokumenten nach der aktiven Bearbeitung im Rahmen eines Geschäftsprozesses ganz oder teilweise "verloren" sind, da sie in unzulänglichen Archiven abgelegt bzw. nur partiell in persistente, online verfügbare Datenbestände übernommen werden. Das auf Dokumenten fixierte Mitarbeiter- bzw. Unternehmens-Know-how wird somit nicht im Sinne einer "lernenden Organisation" geteilt und erweitert.

So greift beispielsweise ein Bearbeiter bei der Analyse einer Reklamation auf frühere gleichartige Beschwerden nicht oder nur mit großer Zeitverzögerung zurück, weil ihm die entsprechenden papiergestützten, zentral archivierten Akten nicht bekannt sind. Die Folge ist eine aufwendige Fehlerdiagnose, die durch Zugriff auf verwandte Reklamationen wesentlich beschleunigt werden könnte. Bei der Auftragsabwicklung gehen z.B. historische Entwicklungsergebnisse nur ungenügend ein, da Konstruktionszeichnungen nicht online abrufbar sind. Man läuft Gefahr, Produkte neu zu entwickeln, die durch geringfügige Modifikationen schon vorhandener Erzeugnisse schneller und kostengünstiger produziert werden könnten.

1.2 Zielsetzung

Dem unkoordinierten Nebeneinander von Daten- und Dokumentenverarbeitung ist mit einer Integration beider Informationsarten zu begegnen. Integrationskonzepte und -lösungen sind jedoch nicht nur "nachfrageinduziert", sondern auch "angebotsforciert". Neuere Entwicklungen im Hardware-, Software- und Methoden-Bereich prägen die Angebotsseite: Client/Server-Architekturen, optische Speichermedien sowie Dokumenten- und Workflow-Management-Systeme (DMS/WMS). DMS erlauben die elektronische Verarbeitung großer Dokumentenmengen. Mit WMS, meistens basierend auf DMS, versucht man, Verwaltungsvorgänge in ähnlicher Form durch die betrieblichen Instanzen zu steuern wie physische Erzeugnisse durch die Fertigung.

"Integriertes Dokumenten- und Workflow-Management" bedeutet, daß es für den Erfolg und die Akzeptanz solcher Systeme nicht nur wesentlich ist, sie in die bestehende IV-Infrastruktur einzubetten, sondern daß DMS/WMS selbst neue und vielfältige Möglichkeiten der Integration eröffnen. Ziel dieser Arbeit ist es, den Beitrag von DMS/WMS zu einer integrierten IV zu systematisieren und anhand eines zentralen industriellen Geschäftsprozesses zu verdeutlichen.

Fokussiert wird auf die "lose" Integration heterogener und verteilter Anwendungssysteme der Daten- und Dokumentenverarbeitung durch das WMS.

Die Arbeit soll weiterhin helfen, die Lücke zwischen den zahlreichen Forschungsaktivitäten im Methoden- bzw. Werkzeugbereich von WMS und der mangelnden betriebswirtschaftlichen Betrachtung der Prozeßinhalte zu schließen. Die "Testumgebung" ist der kundenwunsch-orientierte Angebotsprozeß von Maschinenbauunternehmen, beginnend mit einer eingehenden Kundenanfrage für eine Spezialanfertigung bis hin zur Abgabe eines individuellen Angebots[1]. Raufer erarbeitet anhand des gleichen Praxisbeispiels einen dokumentenorientierten Ansatz zur Analyse und Modellierung von Geschäftsprozessen sowie neue Möglichkeiten des Controllings durch WMS [Rauf96].

1.3 Aufbau

Das zweite Kapitel systematisiert den Beitrag von DMS/WMS zur integrierten IV. Anhand eines Stufenkonzepts werden die Funktionalität dieser Systeme kurz vorgestellt sowie die Integrationsaspekte herausgearbeitet.

Ziel des dritten Kapitels ist es, einen Überblick zu Anwendungslösungen im Bereich des integrierten Dokumenten- und Workflow-Managements zu geben. Die Ergebnisse einer State-of-the-Art-Untersuchung über 77 Praxisbeispiele werden zusammengefaßt und einige fortschrittliche Anwendungen näher vorgestellt.

Ein Referenzmodell für den Einsatz von DMS/WMS im kundenwunschorientierten Angebotsprozeß von Maschinenbauunternehmen - Inhalt des vierten Kapitels - soll vergleichbaren Unternehmen bei der Einführung dieser neuen Technologien als Leitfaden dienen. Voraus geht eine Extraktion der industriellen Geschäftsprozesse, um die Einsatzbereiche von DMS/WMS zu verdeutlichen.

Kern der Arbeit ist das fünfte Kapitel, das die Konzeption und Realisierung eines integrierten DMS/WMS beim Industriepartner beinhaltet. Das System IDWM (Integriertes Dokumenten- und Workflow-Management - INA Herzogenaurach) unterstützt die komplette kunden-wunschorientierte Anfrage-/Angebotsabwicklung. Der Schwerpunkt der Darstellung liegt auf der Integration sowohl von "Altsystemen" als auch von innovativen, neuen Applikationen in IDWM.

Einen Ausblick auf zukünftige Entwicklungen, u.a. zum Thema "lernende WMS", gibt das letzte Kapitel.

---

[1] Die Begriffe "Angebotsprozeß", "Anfrage-/Angebotsabwicklung", "Angebotsbearbeitung" und "Anfrage-/Angebotsbearbeitung" werden synonym verwendet.

2 Dokumenten- und Workflow-Management als Beitrag zur integrierten Informationsverarbeitung

2.1 Stufen der Integration

Der Weg eines Unternehmens von papiergestützter Dokumentenverarbeitung hin zu integriertem Dokumenten- und Workflow-Management läßt sich in vier Stufen einteilen, die in Abbildung 2.1/1 auf der Vertikalen dargestellt sind [MeMo94a]. Die unterste Stufe entspricht dem Zustand vieler Industriebetriebe mit dem bereits beschriebenen Nebeneinander von elektronischen formatierten Daten und Papierdokumenten. Hier greifen in einem ersten Schritt DMS, um Papier-, Mikrofilm- und andere Archive durch eine elektronische Dokumentenverwaltung zu ersetzen (Stufe zwei, Abschnitt 2.2). Über die "klassischen" Archivierungsfunktionen hinaus sind DMS zusätzlich mit den bestehenden IV-Systemen zu integrieren bzw. bieten selbst Möglichkeiten als Integrationswerkzeug (Stufe drei, Kapitel 2.3). Die vierte Stufe wird durch den Einsatz von WMS erreicht, die Benutzer, Programmsysteme und Informationsbestände geschäftsprozeßorientiert zusammenführen (Abschnitt 2.4).

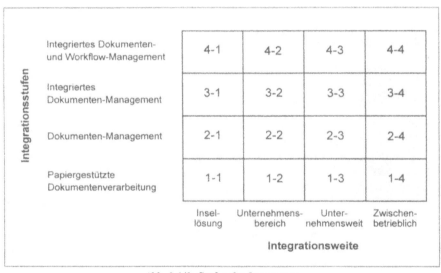

Abb. 2.1/1: Stufen der Integration

Die Integrationsreichweite auf der Horizontalen beschreibt den Durchdringungsgrad einer Anwendungslösung. Unterscheiden lassen sich Systeme in einem eng umgrenzten Anwendungsgebiet (Insellösung), in einem Funktions- bzw. Unternehmensbereich, in mehreren bzw. allen Bereichen (unternehmensweit) sowie zwischenbetriebliche Lösungen.

2.2 Dokumenten-Management

DMS kommen sowohl bei der Übernahme bestehender Dokumentenarchive (Papier, Mikrofilm usw.) als auch bei der möglichst frühen "Umwandlung" aktiver Dokumente (z.B. beim Posteingang) in elektronisches Format zum Einsatz. Die wesentlichen Aufgaben eines DMS wurden schon früh herausgearbeitet [Some84], doch führten erst die informationstechnischen Fortschritte, v.a. im Bereich optischer Speichermedien, seit einiger Zeit zu einer starken Verbreitung von DMS-Produkten und -Anwendungslösungen. Eine typische DMS-Architektur auf Basis eines Client/Server-Systems [Geih93] sowie die DMS-Funktionen sind in Abbildung 2.2/1 dargestellt.

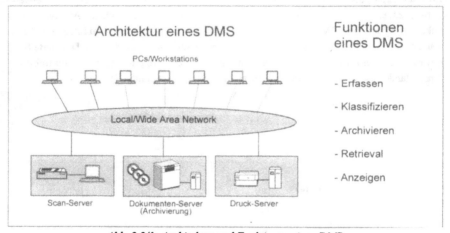

Abb. 2.2/1: Architektur und Funktionen eines DMS

Die Erfassungsfunktion von DMS basiert auf Scannern, die die Übernahme konventioneller Dokumente in Rasterbildformat ermöglichen ("Image-Management-Systeme"). Diese elektronischen Dokumente werden anschließend i.d.R. personell klassifiziert, d.h. mit Suchattributen versehen. Durch Techniken wie OCR (Optical Character Recognition), Barcodeerkennung oder wissensbasierte Eingangspostklassifikation [Schu87] läßt sich die Indizierung[2] (teil-)automatisieren. Meist dienen relationale Datenbanken dazu, die Dokumentattribute zu verwalten. Zur Archivierung großer Dokumentenmengen setzt man einmal beschreibbare optische Platten (z.B. WORM - Write Once-Read Multiple, CD-R - CD-Recordable) in Einzellaufwerken oder Jukeboxen ein (zu den informationstechnischen Grundlagen vgl. [GuSe93, S. 91 ff.; Helm90; Krän95, S. 28 ff.]). Nicht zur Archivierung freigegebene Images werden auf Festplatten gespeichert. Diese dienen auch als Cache-Speicher für oft angeforderte Doku-

---

[2] Man benutzt hierfür auch die Begriffe "Indexierung", "Deskribierung" und "Klassifizierung"; die Termini "Attribut", "Index" und "Deskriptor" werden ebenfalls synonym verwendet.

mente, um die Zugriffszeit zu verkürzen. Das Retrieval erfolgt über die Dokumentattribute, z.T. unterstützt durch Möglichkeiten wie Boolsche Verknüpfungen von Attributen, Volltextrecherchen, hierarchisches Suchen oder Thesauri. Üblich ist eine Einteilung der Dokumente in Familien (z.b. technische Zeichnungen, Kundennormen), denen jeweils eine beschreibende Attributmenge zugeordnet ist. Das Anzeigemodul (Präsentationsmodul, "Viewer") ermöglicht das Rotieren, Vergrößern sowie weitere Darstellungsoptionen.

Neben diesen DMS-Kernfunktionen sind in manchen Systemen weitere Bearbeitungsmöglichkeiten integriert, z.B. um ein Rasterbild einer schlechten Scan-Vorlage aufzuhellen. Mitunter verfügen DMS auch über Funktionen wie Annotationen (Textnotizen oder Audio-Annotationen), Dokumenten-Versand und Wiedervorlage von Dokumenten.

2.3 Integriertes Dokumenten-Management

"There is often a tendency to avoid the integration of imaging into existing systems. It is sometimes simply viewed as 'too much trouble' " [AToJ, S. 4]. Diese Aussage verdeutlicht die Komplexität der dritten Integrationsstufe (Ordinate) aus dem Portfolio in Abbildung 2.1/1. Integriertes Dokumenten-Management umfaßt neben der Kopplung von DMS mit den bestehenden Systemen der formatierten Datenverarbeitung (DV) die Integration der "Dokumentenwelt" eines Unternehmens durch eine einheitliche Retrievaloberfläche sowie das logische Zusammenführen von Informationsobjekten.

2.3.1 Integration mit formatierter Datenverarbeitung

2.3.1.1 Abgrenzung und Überblick

Die Informationsbestände der IV lassen sich in "konventionelle" formatierte Daten und elektronische Dokumente (E-Dokumente) einteilen. Letztere dienen im Gegensatz zu rein logisch formatierten Informationen, z.B. einer DB2-Datenbank, ausschließlich der endbenutzerorientierten Verarbeitung und enthalten ein Layout-Format, wie beispielsweise CAD-Dateien oder Rasterbilder eines DMS. Die Endbenutzerorientierung wird i.d.R. für die Definition des Begriffs Dokument herangezogen [z.B. FaFi92, S. 729; Spra95, S. 30]. Sog. Verbunddokumente ("compound documents") haben, etwa im Gegensatz zu Images, eine logische Strukturierung und integrieren verschiedene Informationstypen, wie z.B. Text, Video und Audio ("snapshot of some set of information" [Mich91, S. 159], "virtuelle Dokumente" [Schn95]).[3]

---

[3] Auch in der Software-Entwicklung zeichnet sich die Tendenz ab, ein Dokument als "container for data that comes from a variety of sources, including other applications" [OrHa94, S. 38] in den Mittelpunkt der Betrachtung zu stellen. Man spricht in diesem Zusammenhang von "ComponentWare" [z.B. Mali95].

Analog zur Unterscheidung von formatierten Daten und E-Dokumenten lassen sich Programmsysteme der (formatierten) Daten- oder der Dokumentenverarbeitung zurechnen. "Standardmäßig" vorhandene administrative und dispositive Anwendungssysteme der DV [Mert95] sind z.B. PPS-Systeme, Kalkulationsprogramme und Kostenrechnungssysteme. Zur Dokumentenverarbeitung zählen u.a. CAD-Systeme, Textverarbeitungssysteme und DMS.

Die Art der Suche nach Informationen ist ein wichtiges Unterscheidungskriterium beider Programmtypen [Blai84; BeCr92]. Eine Anfrage an ein datenorientiertes Retrievalsystem - z.B. eine SQL-Datenbank - ist deterministisch, da die Suchkriterien Teil des Ergebnis-Records sind (z.B. "Name des Kunden mit der Kundennummer 4711"). E-Dokumente beinhalten jedoch konzeptionelle Informationen (Konstruktionen, Ideen, Analysen, Bewertungen, Entwürfe usw.), die nicht direkt, sondern über beschreibende formatierte Daten in Form von Indexdaten zu suchen sind, d.h., die Suchvorgänge sind mit größerer Unsicherheit behaftet.

Trotz der technischen und inhaltlichen Unterschiede sind formatierte Datenbestände und E-Dokumente eines DMS stark interdependent: Beispielsweise enthält die gescannte Kundenanfrage im Rahmen des Angebotsprozesses die Kundenadresse, die in den Kundenstammdaten zu speichern ist, falls es sich um einen neuen Kunden handelt. Diesen Abhängigkeiten ist durch eine Integration von DMS und formatierter DV in zweierlei Hinsicht Rechnung zu tragen: *Informationsorientierte Schnittstellen* ermöglichen die Einbindung bzw. Referenzierung auf Informationsobjektebene; *funktionsorientierte Schnittstellen* zielen auf eine durchgängige Aufgabenbearbeitung durch gekoppelte bzw. aufeinander abgestimmte Funktionen von DV-Systemen und DMS ab. Abbildung 2.3.1.1/1 schematisiert die beiden Schnittstellengruppen.

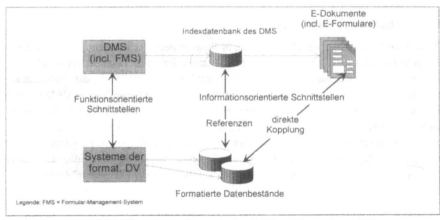

Abb. 2.3.1.1/1: Schnittstellen zwischen DMS und formatierter DV

6

2.3.1.2 Informationsorientierte Schnittstellen

Von den zahlreichen Möglichkeiten informationsorientierter Schnittstellen zwischen der Daten- und Dokumentenverarbeitung [MeMo94a, S. 449 f.; Jezu93, S. 13 ff.] sind in der Anwendungswelt von DMS die direkte Kopplung von E-Dokumenten zu formatierten Daten durch Formular-Management-Systeme (FMS) sowie die Referenzierung von DMS-Indizes zu formatierten Datenbeständen relevant.

FMS basieren auf Verbunddokumenten und sind oft Bestandteil fortschrittlicher DMS. Die "E-Formulare" [z.B. Thé94] dienen in erster Linie dem Aufzeichnen von Informationen [CaFe90, S. 435], lassen sich jedoch innerhalb des DMS auch archivieren und suchen. Neben dem personellen Ausfüllen ist es möglich, im Sinne einer informationsorientierten Schnittstelle die Komponenten eines E-Formulars automatisch, z.b. durch hinterlegte SQL-Abfragen, aus externen Datenbeständen einzubinden.

Funktionsorientierte Schnittstellen (vgl. Abschnitt 2.3.1.3) setzen oft Verweise zwischen den Datenbeständen der formatierten DV und den Attributdatenbanken des DMS voraus. Ein "Link" im Personalstammsatz auf die gescannte Bewerbung ermöglicht z.b., die Stammdaten und das Image gleichzeitig anzuzeigen. Im Extremfall existiert für das DMS keine eigene Attributverwaltung, so daß die E-Dokumente ausschließlich über die formatierte DV referenziert werden. Das integrierte Standardsoftwarepaket R/3 der SAP enthält beispielsweise eine solche Schnittstelle, die es erlaubt, zu jedem Datensatz im System E-Dokumente abzulegen [Gulb95; SAP94, S. 5-1 ff.]. Freilich können auch die Attributdatenbanken des DMS Verweise auf Datenbestände der formatierten DV enthalten, abhängig davon, ob das DMS oder die Anwendung der formatierten DV das "führende" System ist. Die Referenzen lassen sich vielfältig nutzen, indem man z.B. Host-Daten über einen "hot link" heranzieht [Appl93, S. 70], um die Indizierung von DMS-Dokumenten zu automatisieren.

2.3.1.3 Funktionsorientierte Schnittstellen

Sind ein DMS und eine Anwendung der formatierten DV unter einer Benutzungsoberfläche integriert, so stellt dies eine erste Stufe der Funktionsintegration dar. Es besteht dann zumindest die Möglichkeit, formatierte Daten mit den zugehörigen relevanten E-Dokumenten gleichzeitig anzuzeigen und evtl. durch "Copy & Paste" in E-Formulare zu übertragen.

Der nächste Schritt umfaßt das manuelle Starten des DMS aus dem System der formatierten DV bzw. vice versa. Hier ist zu unterscheiden zwischen dem nicht-parametrierten und dem parametrierten Aufruf. Letzterer bedient sich des aktuellen Systemstatus und der informationsorientierten Schnittstellen. So ist es z.B. im R/3-System der SAP möglich, bei der Anzeige eines Stammdatensatzes ein DMS aufzurufen, das die zugehörigen Images präsentiert. Ist das DMS das führende System, so kann beispielsweise beim Klassifizieren einer gescannten Kundenrechnung die Kundenstammverwaltung aufgerufen werden, um eine Änderung der Adresse direkt in den Stammdaten zu berücksichtigen.

Zu den funktionsorientierten Schnittstellen zählt schließlich das gegenseitige automatische Aktivieren von DMS und Anwendungen der formatierten DV nach dem Prinzip der Aktionsorientierten DV (AODV, [MeHo86]). Der Aufruf erfolgt direkt oder indirekt, d.h. über Vormerkspeicher, die vom aktivierten Anwendungssystem oder einer speziellen Triggereinrichtung periodisch abgeprüft werden. Ein FMS kann z.b. bei der Bearbeitung eines Reklamationsformblatts automatisch ein Buchhaltungsprogramm zur Gutschriftenerteilung aktivieren. Stößt ein PPS-System bei der Werkstattsteuerung ein DMS an, um die entsprechende Zeichnung als Rasterbild anzuzeigen, so liegt das komplementäre Prinzip vor. Auslöser für eine indirekte Aktivierung kann ein Programm zur Lieferantenrechnungskontrolle sein, das eine Tabelle mit unstimmigen Posten anlegt, die wiederum von einem DMS genutzt wird, um die entsprechenden gescannten Bestellungen anzuzeigen.

2.3.2 Integration verschiedener Dokumentarten

Die elektronische Dokumentenverarbeitung ist geprägt von einer Vielzahl unterschiedlicher Programme, Dokumentformate und Zugriffsmechanismen. Zahlreiche E-Dokumente, z.b. die eines Textverarbeitungs- oder CAD-Programms, sind auch in Netzwerkumgebungen nur dem erstellenden Mitarbeiter zugänglich [Spra95, S. 37]. Der Einsatz eines DMS als Werkzeug zur Integration diverser Systeme der Dokumentenverarbeitung begegnet dieser Heterogenität und mangelnden Verfügbarkeit. Das DMS bietet eine gegenüber den originären Systemen mächtigere, in der Begriffsverwendung standardisierte Indexierung sowie eine einheitliche Retrievaloberfläche auf verschiedene Dokumentarten im Sinne einer "unified view on documents".

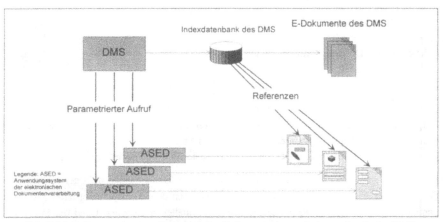

Abb. 2.3.2/1: Integration von Systemen der Dokumentenverarbeitung durch das DMS

In der Indexdatenbank sind hierfür sowohl die originär vom DMS verwalteten als auch die verteilt abgelegten E-Dokumente der Fremdanwendungen zu referenzieren (Abbildung 2.3.2/1). Das DMS muß in dem Sinne offen sein, daß diverse Programme der Dokumenten-

8

verarbeitung als Präsentations- bzw. Bearbeitungsmodul einsetzbar sind. Fordert der Benutzer aus der Trefferliste des DMS ein E-Dokument einer Fremdanwendung zur Anzeige an, so startet das DMS dieses System (z.b. ein Textverarbeitungsprogramm) mit den entsprechenden Parametern über eine funktionsorientierte Schnittstelle. Manche DMS enthalten Viewer für die gängigsten Dokumentformate, um den oft zeitraubenden Aufruf des Originalsystems zu umgehen. Bei großen E-Dokumentenbeständen, z.b. den technischen Zeichnungen eines Industrieunternehmens, geht man zuweilen den Weg, die Dokumente bewußt redundant zu speichern: zum einen im originären CAD-Format und zum anderen im Rasterbildformat zur schnellen Darstellung durch das "Standard"-Anzeigemodul des DMS. Freilich ist hierzu die Konsistenz zwischen beiden Dokumentenbeständen sicherzustellen. Auch externe FMS (vgl. Kapitel 2.3.1.2) sind - soweit nicht schon im DMS direkt enthalten - auf diese Weise zu integrieren.

2.3.3 Logische Integration

Den logischen Abhängigkeiten zwischen verschiedenen Informationstypen (Rasterbilder, Textverarbeitungsdokumente, Personalstammdaten etc.) kann in der Anwendungswelt von DMS nicht ausschließlich durch eine "enge" Kopplung im Sinne informations- oder funktionsorientierter Schnittstellen Rechnung getragen werden. Schon lange bemüht man sich, sachlogisch zusammengehörige, technisch jedoch divergente Informationstypen mittels einer "Zugriffssprache" zu integrieren [Zloo82; AtBr95]. Einige Forschungen zielen auf flexible abstrakte Objekte ab, die als "Container" logisch abhängige Informationsobjekte vereinen [ScFu94; KäMe94, S. 124 f.]. Ein solches Konstrukt bieten DMS über das sog. "Folder-Konzept", d.h. das Zusammenführen verschiedener, durch das DMS verwalteter Informationsobjekte in einer elektronischen Dokumentenmappe (E-Dokumentenmappe). Diese Mappe besteht aus Verweisen auf E-Dokumente (z.B. Rasterbilder des DMS, E-Formulare mit formatierten Daten) und kann ebenfalls klassifiziert und archiviert werden.

So recherchiert beispielsweise ein Sachbearbeiter aufgrund einer Kundenanfrage im DMS nach technischen Zeichnungen und zugehörigen Normen, legt die Ergebnisse seiner Host-Recherche als E-Formular ab und erstellt eine elektronische Notiz. Schließlich erzeugt er aus diesen Bestandteilen eine Dokumentenmappe als "logische Hülle", klassifiziert sie und benutzt die Wiedervorlagefunktion des DMS, um in einiger Zeit beim Kunden nochmals "nachzufassen".

Neben dem situativen Einsatz wird die Möglichkeit, mit Hilfe des Folder-Konzepts aus dem E-Dokumentenbestand eines DMS beliebige Kombinationen zu bilden, auch bei der Archivierung genutzt. So bietet es sich z.B. an, die technische Dokumentation von Anwendungslösungen nicht als einzelnes Informationsobjekt, sondern in Form von E-Dokumentenmappen (incl. der Problembeschreibung, Lösungszeichnung usw.) abzulegen (siehe Abschnitt 5.5.3).

2.4 Integriertes Dokumenten- und Workflow-Management

Zielt man auf die Unterstützung arbeitsteiliger Vorgänge ab, so sind in der vierten Integrationsstufe (vgl. Abbildung 2.1/1) Benutzer und Programme mit den zugehörigen Informationsbeständen prozeßorientiert durch WMS einzubinden [MeMo94b]. Nach einer kurzen Einführung in das Forschungsgebiet Workflow-Management werden die Integrationsaspekte in Kapitel 2.4.2 näher erläutert. Abschnitt 2.4.3 skizziert die IV-Komponenten eines integrierten DMS/WMS.

2.4.1 Workflow-Management

2.4.1.1 Einordnung

Workflow-Management und die entsprechenden IV-Systeme - WMS - zielen auf das Modellieren und Abwickeln von Geschäftsprozessen ab. Die Grundidee ist einfach: Ähnlich wie physische Produkte in der Fertigung werden Informationsobjekte, z.b. ein Auftragsformular, durch die in einem Geschäftsprozeß, z.b. Auftragsabwicklung, involvierten betrieblichen Instanzen geleitet und sukzessive angereichert. Hierfür selektiert das WMS für jede Aktivität eines Prozesses geeignete Bearbeiter und unterstützt sie bei der Abwicklung durch die Integration von Programmen. Als Endprodukt des Vorgangs resultieren wiederum ein oder mehrere Informationsobjekte, z.b. das ausgefüllte Auftragsformular und weitere zugehörige E-Dokumente.

WMS sind sowohl Fortführung als auch Einschränkung des Prinzips der AODV. Mertens und Hofmann beschreiben Systeme der AODV als Anwendungsprogramme oder -verbunde, die durch Triggermechanismen "Maßnahmenfolgen mittlerer Komplexität" [MeHo86, S. 324] unterstützen. Ein solcher Trigger ist z.B. das Versenden einer elektronischen Nachricht an einen Sachbearbeiter aufgrund einer Ausnahmesituation. Im Gegensatz dazu basieren WMS auf der formalen Abbildung eines *kompletten* Prozesses und agieren als *übergeordnetes* Integrationswerkzeug: Für jede Aktivität wählt das WMS eine "Bearbeiter/Anwendungssystem-Kombination" aus. Die Möglichkeiten von WMS gehen über das als höchste AODV-Ausbaustufe beschriebene "zentrale DV-System" zur Planung, Steuerung und Überwachung von Maßnahmen [MeHo86, S. 323] hinaus. Die Einschränkung bezieht sich auf die Einsatzbereiche: Es kann nicht gelingen, alle logisch zusammengehörigen Bearbeitungsfolgen durch WMS zu steuern. Viele derartige Prozesse lassen sich nur unterstützen, indem die Koordination verteilt den beteiligten Programmen obliegt. Die Koordination in einem WMS basiert jedoch auf einer formalen Prozeßbeschreibung, wobei die integrierten Anwendungen ausschließlich den funktionalen Aspekt des Prozesses erfüllen. So wie man durch Datenbanksysteme das Wissen über Datenorganisation und -zugriff von den Anwendungssystemen trennen konnte, ermöglichen WMS, das Wissen über den Prozeßverlauf von den Programmen zu separieren.

Workflow-Management wird des öfteren als eine Kategorie des Bereichs Computer Supported Cooperative Work (CSCW) betrachtet [z.B. HaSy93, S. 407 f.]. Zieht man die Kriterien "zeitliche Merkmale" und "örtliche Distanz" zur Einordnung von CSCW-Systemen [Krcm92, S. 429] heran, so unterstützen WMS asynchron und räumlich getrennt arbeitende Gruppenmitglieder. Man hat es nicht mit "echten" Teams zu tun, sondern mit Gruppen, deren gemeinsames Ziel in der Bearbeitung eines Vorgangs liegt [Maie93, S. 96].

Die Fokussierung auf gut strukturierte Prozesse infolge formaler Prozeßbeschreibungssprachen als Basis der Steuerung ist Gegenstand der Kritik an WMS [z.B. Syri92, S. 208; HiKa90, S. 167], die gut durch die folgenden Kommentare von Anwendern zusammengefaßt werden kann [ElRo95, S. 12]:

- "This is an interesting view of our office, but we don't do our work like this anymore - we've changed."

- "Nice technology, but it doesn't allow us the flexibility to handle the many exceptions, and to really get our work done expeditiously."

Noch immer sind die meisten WMS-Anwendungen in wohlstrukturierten Einsatzbereichen zu finden (siehe Abschnitt 3.3), jedoch konzentrieren sich zahlreiche Forschungsbemühungen auf die Problematik der flexiblen Vorgangsunterstützung durch WMS [z.B. Herr95]. Wedekind schlägt vor, von Arbeitsablaufunterscheidungen wie strukturiert/unstrukturiert oder prozedural/nicht-prozedural zu abstrahieren [Wede95, S. 232] und WMS als Hilfsmittel zu einer möglichst "umfassenden Systemunterstützung" [Wede95, S. 224] zu betrachten. Das heißt, WMS führen zahlreiche Aspekte bei der Ausführung eines Prozesses zusammen, wie z.B. Funktionen ("Was ist zu tun?"), Verhalten ("Wann ist es zu tun?"), Organisation ("Wer tut es?") und operationaler Aspekt ("Wie bzw. mit welchen Anwendungssystemen wird es getan"?) [Jabl95a, S.17 ff.].

Im kommerziellen und wissenschaftlichen Bereich existieren zahlreiche WMS. Zwei Klassen kristallieren sich heraus: Zum einen sind dies reine Steuerungssysteme, die selbst keine Bearbeitungsfunktionen zur Verfügung stellen, sondern für jede Aktivität ein externes Programmsystem aktivieren. Ein Vertreter dieser Klasse ist das System FlowMark der IBM [z.B. LeRo94; LeAl94]. Auf der anderen Seite basieren viele WMS auf bestimmten Programmtypen und integrieren deren Funktionalität. Zu nennen sind hier v.a. Architekturen auf Basis von Groupware-Systemen oder DMS. Lotus Notes dient z.B. Nastansky und Hilpert als Entwicklungsplattform für ihr WMS Groupflow [NaHi94]. Exemplarisch für ein WMS auf Basis eines DMS sei das System BusinessFlow der COI GmbH [COI95], einer Tochtergesellschaft der INA Wälzlager Schaeffler KG, genannt. Auch bei hochintegrierter Standardsoftware, wie z.B. R/3 der SAP, trifft man auf Workflow-Funktionen und -Konzepte, die im wesentlichen innerhalb des Systems wirken ("SAP Business Workflow", [BaWe95; WäFr95]). WMS werden hier jedoch - wie in der Literatur üblich - ausschließlich als übergeordnetes, führendes System betrachtet.

2.4.1.2 Phasenmodell

Das Phasenmodell (Abbildung 2.4.1.2/1) dient dazu, die zahlreichen komplexen Gesichtspunkte beim Einsatz eines WMS zu strukturieren [MoRa96]. Die Phasen dürfen nicht als rein sequentiell angesehen werden, da Überschneidungen und Rückkopplungen existieren. Zu unterscheiden sind zunächst die beiden Bereiche Prozeßbeschreibung und Vorgangsabwicklung. Ersterer umfaßt das Modellieren der Anwendungswelt und das Abbilden dieses Modells in eine vom WMS ausführbare Form. Die Vorgangsabwicklung beschreibt den "laufenden Betrieb" des WMS.

Abb. 2.4.1.2/1: Workflow-Management-Phasenmodell

- Analyse / Modellierung

  Zunächst sind die Ist-Prozesse der Diskurswelt zu erfassen, zu analysieren und in ein Soll-Konzept für den Einsatz eines WMS zu überführen. Resultat der Analyse- und Modellierungsphase ist ein *Prozeßmodell* [CuKe92] mit den erforderlichen Sichten des betrachteten Geschäftsprozesses. Um der Gefahr der Komplexitätsexplosion zu begegnen, sind ein geeigneter Detaillierungsgrad sowie die Konzentration auf workflow-relevante Sachverhalte wesentlich. Dieser Zielsetzung wird das Modellierungstool ODAN (**Office Document Analysis**) gerecht, das bei [Rauf96; Hess94; RaMo95] beschrieben ist. Das Werkzeug basiert auf einem neuen Modellierungsansatz, der das Dokument in den Mittelpunkt der Betrachtung stellt. Weiterhin bietet ODAN umfangreiche Funktionen zur Wirtschaftlichkeitsanalyse.

- Definition / Konfiguration

  Das Prozeßmodell wird im Rahmen der nächsten Phase in ein vom WMS ausführbares *Workflow-Modell* überführt. Zentrales Element ist das sog. *Workflow-Script*, das man mit Hilfe einer Prozeßbeschreibungssprache formuliert. Es enthält den funktionalen sowie den Verhaltensaspekt des Prozesses und bildet die Grundlage der Steuerung und Integration. Die weiteren Sichten des Prozeßmodells (z.B. Aufbauorganisation, einzubindende Programmsysteme) sind abhängig von der WMS-Architektur zu konfigurieren, z.B. mit Hilfe einer Organisationsdatenbank und durch Schnittstellen zu vorhandenen Programmen. Ziel sollte eine modulare und orthogonale [Jabl95a, S. 14 und S. 19] Implementierung des Workflow-Modells sein, um die Erweiterbarkeit zu gewährleisten. Im Falle einer IV-gestützten Prozeßmodellierung lassen sich Teile des Modells direkt übernehmen oder transformieren. Denkbar wäre beispielsweise, ein grobes Gerüst des Workflow-Scripts zu generieren.

- Planung / Initialisierung

  In Rahmen der Abwicklung spricht man von *Vorgängen* als konkrete Ausprägungen von Geschäftsprozessen. Auslöser eines Vorgangs können externe oder interne Ereignisse sein, wie z.b. eingehende Kundenpost oder das Erfassen einer Kundenanfrage. Zunächst ist dieses Ereignis zu typisieren, d.h., einem Prozeß bzw. Vorgangstyp (z.B. Anfrage-/Angebotsabwicklung) zuzuordnen. Geplant werden anschließend auf der Basis von Erfahrungswerten Zeiten und Kosten des Prozesses bzw. einzelner Aktivitäten. Die Initialisierung geht i.d.R. mit der Planung Hand in Hand: In einem dokumentenorientierten WMS wird beispielsweise eine E-Dokumentenmappe als Vorgangs- bzw. Durchlaufmappe generiert, mit einem E-Formular vorbelegt und klassifiziert.

- Steuerung / Integration

  Das WMS führt auf Basis des Workflow-Modells den Vorgang aus, d.h., es leitet "informationelle Produkte" - z.b. E-Dokumentenmappen - durch das Aktivitätennetzwerk. Dieser Kontrollfluß ist die Basis der "Kommunikation" zwischen den Vorgangsschritten und triggert deren Ausführung [ReWe92, S. 76]. Pro Aktivität werden Eingangsbedingungen - beispielsweise die Verfügbarkeit bestimmter Dokumente - geprüft, geeignete Bearbeiter selektiert und Anwendungssysteme integriert.

- Kontrolle / Auswertung

  Neben den Kernfunktionen Steuerung und Integration bietet das WMS weitere Dienste an, die sich unter den Stichworten "Kontrolle und Auswertung" zusammenfassen lassen. Die Kontrollfunktionen haben zur Aufgabe, die korrekte Durchführung des Vorgangs zu gewährleisten. So schlägt das WMS beispielsweise aufgrund akuter Zeitüberschreitungen einer Aktivität Umdispositionsmaßnahmen vor, etwa eine höhere Bearbeitungspriorität für den nächsten Vorgangsschritt. Die Auswertung umfaßt die Extraktion, Aufbereitung und Präsentation kompakter Managementinformationen, z.B. in Form von Statistiken oder eines "Büroleitstandes". Informationsquellen sind in erster Linie Workflow-Protokolle bzw. -Historien, in denen das WMS die einzelnen Vorgangsschritte dokumentiert. Neue Aspekte des Controllings durch den Einsatz von WMS sind detailliert bei [Rauf96] beschrieben.

- Archivierung / Nachbearbeitung

  Nach dem Abarbeiten des Workflows wird das "Endprodukt", z.B. die Vorgangsmappe, klassifiziert und - zumeist auf optischen Platten - archiviert. In der Nachbearbeitungsphase sind beispielsweise externe Informationsbestände aufgrund der Workflow-Ergebnisse zu modifizieren.

2.4.2 Integration durch Workflow-Management

2.4.2.1 Funktionsschema

Gemäß dem Stufenkonzept (vgl. Abbildung 2.1/1) wird im weiteren von einem WMS auf Basis eines integrierten DMS ausgegangen. Diese Architektur bietet sich für den Einsatz in dokumentenintensiven Prozessen (z.B. Anfrage-/Angebotsabwicklung, Reklamationsbearbeitung) aufgrund des gleichen Koordinationsprinzips an: Den Kontrollfluß repräsentieren Dokumente, die in Form von Mappen durch das Unternehmen "wandern". Abbildung 2.4.2.1/1 illustriert die Funktionsweise im Rahmen der Workflow-Management-Phase "Steuerung / Integration". Im Mittelpunkt steht die Geschäftsprozeßebene, bestehend aus einem Netzwerk von Aktivitäten. Ein Prozeß kann hierarchisch verfeinert werden, d.h., eine Aktivität läßt sich auf der darunterliegenden Ebene wiederum als Geschäftsprozeß darstellen. Elementare Aktivitäten werden von einer Mensch/Programmsystem-Kombination ausgeführt. Gegenstand der Bearbeitung sind E-Dokumentenmappen (Vorgangsmappen, Durchlaufmappen) mit Identifikatoren aller prozeßrelevanten E-Dokumente, die zwischen den Aktivitäten weitergereicht werden [KaRa90]. Die obere Ebene in Abbildung 2.4.2.1/1 repräsentiert relevante Elemente der Aufbauorganisation; die unteren beiden Ebenen symbolisieren eine IV-Umgebung mit einem integrierten DMS.

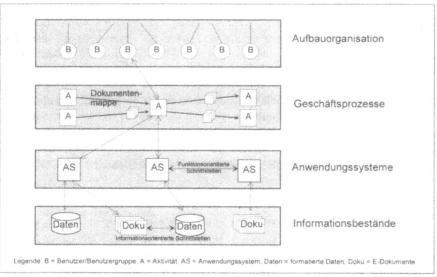

Abb. 2.4.2.1/1: Funktionsschema der Workflow-Management-Phase "Steuerung / Integration"

Das WMS prüft pro Aktivität deren Ausführungsbedingungen und die Verfügbarkeit von Ressourcen. Anschließend selektiert es einen Bearbeiter bzw. eine Bearbeitergruppe. Die Notifikation, d.h. Benachrichtigung der Benutzer über neue Vorgangsaktivitäten, erfolgt mit Hilfe sog. "To-Do-Listen" (Worklisten, Aufgabenlisten), die den aktuell anstehenden "Arbeitsvorrat" anzeigen. Meistens darf ein Vorgang nur von einer der benachrichtigten Personen in Angriff genommen werden, so daß die anderen informierten Akteure von der Ausführung abzuhalten sind, indem z.b. die entsprechenden Einträge aus der To-Do-Liste entfernt werden.

Nach Selektion eines Vorgangs aus der Liste erscheint ein Bildschirmfenster zur Ausführung der aktuellen Aktivität, das die Elemente der Durchlaufmappe enthält und Zugang zu relevanten, externen Programmsystemen verschafft. Der Anwender ändert beispielsweise ein E-Formular der Mappe, fügt ein neues E-Dokument hinzu oder startet eine Applikation der formatierten DV. Bestätigt der Benutzer das Ende der Aufgabenbearbeitung, so führt das WMS auf Basis des Workflow-Scripts die nächste Aktivität aus, d.h., es generiert neue Einträge in den Aufgabenlisten der zuständigen Mitarbeiter. Das WMS sollte jedoch auch Möglichkeiten für den Benutzer bereithalten, die nächste Aktivität bzw. den nächsten Bearbeiter selbst auszuwählen ("Ad-hoc-Workflow" [z.B. Stai93; PaMc92, S. 158 f.]).

2.4.2.2 Prozeßorientierte Integration

Den Übergang von der funktions- zur prozeßorientierten Organisation beschreiben zahlreiche Veröffentlichungen [z.B. Hint94]. Ein Geschäftsprozeß integriert Tätigkeiten, die ein Produkt hervorbringen oder eine Dienstleistung bereitstellen [Hint94, S. 6]. WMS bieten sich auf zweierlei Arten als Werkzeug zu einer prozeßorientierten Integration an. Zum einen läßt sich mit ihnen die IV flexibel an neu- oder umdefinierte Geschäftsprozesse anpassen, da die einzelnen orthogonalen Sichten des Prozesses (Aktivitäten, Anwendungssysteme, Benutzer usw.) im Workflow-Modell beliebig "zusammengebaut" werden können. So bleiben beispielsweise die speziell auf die Unterstützung einer betrieblichen Funktion ausgerichteten Applikationen von Änderungen des Workflows unberührt. Dies ist ein großes Potential von WMS, gerade vor dem Hintergrund der Kritik an komplexen Standardsoftwarepaketen, Geschäftsprozesse nicht flexibel abzubilden [z.B. Mert93, S. 213].

Zum anderen bieten WMS eine Plattform, um das in Prozessen gewonnene Know-how eines Unternehmens zu verwalten. Die Ergebnisse der einzelnen Prozeßaktivitäten - Ausgaben von Programmsystemen oder personell erarbeitete Resultate - werden in der Durchlaufmappe in Form von E-Dokumenten festgehalten. Dieses flexible Objekt integriert alle logisch zu einem Geschäftsprozeß gehörenden Informationen. Die Vorgangsmappe läßt sich klassifizieren und archivieren (vgl. Abschnitt 2.3.3), so daß nach historischen Vorgängen mit allen zugehörigen Objekten recherchiert werden kann. Sucht ein Mitarbeiter mit Hilfe des WMS nach einem bestimmten Reklamationsvorgang, so präsentiert ihm das System die gescannte Beanstandung, das Reklamationsanalyseformular, Notizen der involvierten Mitarbeiter etc. Das Know-how aus Prozessen kann über intelligente Klassifikationsmechanismen der Vorgangsmappe allen Mitarbeitern zugänglich gemacht werden. Auch unstrukturierte Dokumente, wie etwa handschriftliche Bemerkungen, die besonders der Gefahr ausgesetzt sind, entweder weggeworfen zu werden oder in persönlichen Archiven zu "verschwinden", sind durch dieses Konzept zugänglich. Historische Prozesse dokumentiert das WMS nicht nur in Form des "Endprodukts" Vorgangsmappe, sondern zusätzlich durch die Protokollierungskomponente, die es ermöglicht, die Historie eines Workflows nachzuvollziehen.

2.4.2.3 Integration der Aufbauorganisation

Pro Aktivität eines Workflows selektiert und benachrichtigt das WMS Benutzer zur Ausführung. Man kann somit von einer Integration von IV und Aufbauorganisation durch das WMS sprechen. Im Workflow-Modell ist klar zu trennen zwischen ablauf- (Workflow-Script) und aufbauorganisatorischen Aspekten, so daß Änderungen in der Organisationsstruktur nur in einer Sicht des Modells "nachzuziehen" sind. Das WMS greift zur Benutzerauswahl auf eine Organisationsdatenbank [Rupi92] zu. Diese enthält jedoch, entgegen der üblichen Definition als globales Auskunftssystem [z.B. HeSa88; ChRo91], ausschließlich die für den Workflow relevanten Ausschnitte der Aufbauorganisation.

Ziel sollte es sein, abhängig vom aktuellen Vorgangsstatus und weiteren Kriterien geeignete Personen möglichst flexibel auszuwählen. Das gängigste Konzept ist die Auswahl über sog. Rollen [Essw93], die Mitarbeiter nach bestimmten Kriterien, etwa Kompetenzen, gruppieren. Komplexere Selektionsmechanismen sind z.B. Bearbeiterprofile in Verbindung mit Regeln für die Auswahl eines Profils [BuJa95].

Betrachtet man einen konkreten, durch das WMS zu unterstützenden Prozeß, so zeigt sich, daß verschiedene Mechanismen workflow-individuell zu kombinieren sind. Es bietet sich an, mit einer groben Selektion, z.B. auf Basis eines Rollenkonzepts, zu beginnen und im Laufe der Zeit mit Hilfe der WMS-Informationen, v.a. durch Protokollauswertungen, feinere "Filter" hinzuzufügen. Abbildung 2.4.2.3/1 enthält beispielsweise ein derartiges Filterkonzept für den Einsatz im Angebotsprozeß eines Maschinenbauunternehmens [Wach94, S. 25 ff.].

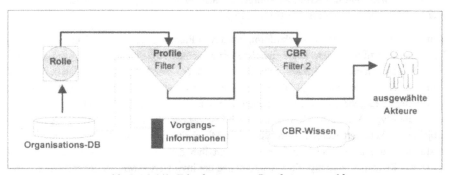

Abb. 2.4.2.3/1: Filterkonzept zur Bearbeiterauswahl

Zunächst wird eine Obermenge geeigneter Bearbeiter bzw. Akteure über ein Rollenkonzept aus der Organisationsdatenbank extrahiert. Das Ergebnis fließt in den ersten Filter ein, der Informationen über den aktuellen Vorgang, z.B. die Produktgruppe, heranzieht und das in

Bearbeiterprofilen hinterlegte "Spezialwissen" berücksichtigt. Der zweite Filter geht schließlich auf historische Vorgänge ein, indem über Mechanismen des Case-Based Reasoning (CBR) bzw. fallbasierten Schließens [Kolo93; AaPl94] ähnliche Vorgänge vom WMS herangezogen werden. Somit lassen sich Akteure extrahieren, die in der Vergangenheit einen vergleichbaren Vorgang, z.b. denselben Kunden mit einem ähnlichen Anfragewunsch, bearbeitet haben.

2.4.2.4 Integration von Anwendungssystemen

"It is an important requirement of a workflow system to integrate with the existing infrastructure, or the benefits will not outweigh the costs of moving to it." [MeWi92, S. 286]. Die Einbindung vorhandener Programmsysteme ist von herausragender Bedeutung, da sie die eigentlichen Problemlösungskomponenten darstellen. Jablonski unterscheidet zwischen adaptierbaren, d.h. an die Schnittstellen eines WMS anpaßbaren, und Legacy-Programmen, die a posteriori nicht modifizierbar und daher nur schwerlich zu integrieren sind [Jabl95a, S. 28]. Medina-Mora et al. teilen die zu integrierenden Systeme in "workflow-initiating applications" und "workflow-participating applications" [MeWi92, S. 286] auf. Erstere stoßen die Steuerung eines Workflows durch das WMS an, die zweite Gruppe wird während der Vorgangsabwicklung eingebunden.

Gemäß dem Funktionsschema (Abbildung 2.4.2.1/1) werden vom WMS pro Aktivität neben den Bearbeitern auch geeignete Programmsysteme selektiert bzw. bereitgestellt. Beispielsweise kann in der Aktivität "Preis bestimmen" der Anfrage-/Angebotsabwicklung vom WMS ein wissensbasiertes Preisbildungssystem [z.B. MeBo93, S. 71] aufgerufen werden, falls historische Daten über ähnliche Angebote des gleichen Kunden vorhanden sind, ansonsten sind "konventionelle" Preisbildungsprogramme zu benutzen. Die Selektionsproblematik ("intelligent choice of application", [LiAm92, S. 272]) tritt jedoch in den Hintergrund, da das Mengengerüst an zur Auswahl stehenden Programmsystemen für eine Aktivität gering ist.

Aufgabe des WMS ist es, dem Benutzer komfortablen Zugang zu den im Rahmen einer Aktivität relevanten Anwendungssystemen zu verschaffen. So sollte das WMS pro Aktivität entsprechende Auswahlmenüs oder benutzerfreundliche "Front-Ends" [Mert92; Schr95], die sich auf die wesentlichen Eingabegrößen der externen Anwendungen konzentrieren, anbieten. Das WMS übernimmt so die Rolle eines einheitlichen Zugangssystems für Programme diverser Betriebssysteme und Bedienungsoberflächen. In Kombination mit der Einbindung der Ergebnisse in die Vorgangsmappe (vgl. Abschnitt 2.4.2.2) lassen sich sowohl vormals isolierte, unter verschiedenen Plattformen laufende Alt-Systeme als auch neue Applikationen integrieren. Es wird beispielsweise noch gezeigt (Kapitel 5.5.4), wie die Ergebnisse einer CICS-Transaktion in einem E-Dokument festgehalten und der Durchlaufmappe hinzugefügt werden. Man kann von einer "lean integration" bzw. losen Kopplung von Applikationen der Daten- und Dokumentenverarbeitung durch das WMS sprechen, im Gegensatz zu einer "engen" Integration, etwa auf Basis eines gemeinsamen Datenmodells.

Das WMS sollte jedoch nicht nur gezielt bei der Bearbeitung einer Workflow-Aktivität, sondern im Sinne eines führenden Systems ständig Zugang zu externen Programmen ermöglichen. Unterstützt werden somit Ansätze der Vorgangsbearbeitung "aus einer Hand", da alle im Rahmen eines Prozesses relevanten Anwendungssysteme zur Verfügung stehen.

2.4.3 Zusammenspiel der IV-Komponenten

Abbildung 2.4.3/1 verdeutlicht das Zusammenspiel der IV-Komponenten in einem integrierten DMS/WMS. Es handelt sich um eine zusammenfassende, grobe Darstellung. In der Fachliteratur findet sich eine Reihe von Schemata [z.B. Jabl95a], die weit mehr ins Detail gehen.

Die formale Prozeßbeschreibung bzw. das Workflow-Script ist die Basis der Workflow-Steuerung. Das WMS bedient sich der Organisationsdatenbank zur Benutzerauswahl und des DMS zur Verwaltung der Vorgangsmappen. In den Protokolldateien legt das WMS die Historie der Workflows ab.

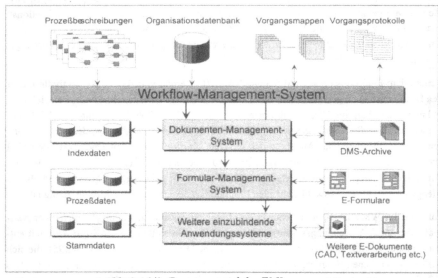

Abb. 2.4.3/1: Zusammenspiel der IV-Komponenten

Bei der Aktivitätenbearbeitung greift der Anwender über das WMS auf die vom DMS bzw. FMS verwalteten E-Dokumente sowie auf weitere Programmsysteme zu. Zumeist beinhaltet ein der Vorgangsmappe "vorstehendes" FMS-Formular (z.B. Produktentwicklungsantrag, Reklamationsanalyseformular) die Ergebnisse der einzelnen Arbeitsschritte. Das DMS bedient sich der Indexdaten für den Zugriff auf originäre DMS-Archive (z.B. Normenarchiv), Dokumenten- bzw. Durchlaufmappen und evtl. weitere E-Dokumente aus anderen Anwendungen. Die Indexdaten werden auch vom FMS für die Klassifikation von E-Formularen benutzt. Über informationsorientierte Schnittstellen lassen sich Prozeß- bzw. Bewegungsdaten (z.B. Anfragen, Reklamationen) sowie Stammdaten (z.B. Artikel, Kunden) in die E-Formulare einbinden und ändern. Referenzen von Prozeß- und Stammdaten auf DMS-Indexdaten bzw. vice versa sind durch Fremdschlüssel in den Relationen abgelegt. Weitere E-Dokumente sowie die Stamm- und Prozeßdaten werden von den integrierten Anwendungssystemen genutzt.

2.5 Zusammenfassende Beurteilung

Die Nutzeffekte des Dokumenten-Managements sind evident: erhebliche Betriebsmitteleinsparungen (u.a. Nebenregistraturen, Mikroverfilmung, Papier), aktueller und konsistenter Dokumentenbestand, verkürzte Dokumentzugriffszeiten sowie verbesserter Kundenservice durch sofortige Auskunftsbereitschaft. Aus der zweiten Stufe des Integrationsportfolios in Abbildung 2.1/1 resultieren ein oder mehrere DMS-Archive, z.B. ein technisches Zeichnungsarchiv oder ein Vertragsarchiv in einem Versicherungsunternehmen, die jedoch nicht an bestehende IV-Systeme gekoppelt sind und nur den Zugriff auf einen Ausschnitt der betrieblichen Dokumentarten erlauben.

Durch den Ausbau zu einem integrierten DMS (Stufe drei) sind zahlreiche betriebliche Dokumenttypen in einheitlicher Weise elektronisch abrufbar (z.B. Normenarchiv, technisches Zeichnungsarchiv). Das DMS verwaltet als "organizational memory" [Spra95, S. 33; NeDi95, S. 78] das auf Dokumenten fixierte Know-how des Unternehmens (Berichte, Ideen, Konzepte usw.). Die Systeme der formatierten DV sind an ausgewählten Stellen eingebunden, z.B. um in einem E-Formular "Produktentwicklungsantrag" Ergebnisse eines Kalkulationsprogramms einzufügen oder um beim Scannen einer Bewerbung das Programm zur Personalverwaltung aufzurufen. Die Benutzer des DMS haben die Möglichkeit, durch das Folder-Konzept logische Abhängigkeiten flexibel abzubilden. Das DMS spielt mehr die Rolle eines Integrationswerkzeuges als die eines Integrationsobjekts.

Die Erweiterung eines integrierten DMS um ein WMS (Stufe vier) birgt weitere Integrations- und Nutzenpotentiale: Arbeitsteilige Geschäftsprozesse, z.B. die Anfrage-/Angebotsabwicklung, lassen sich durchgängig unterstützen. Das in Geschäftsprozessen erworbene Know-how wird durch die Möglichkeit der Recherche nach Vorgangsmappen berücksichtigt und erweitert. Geeignete Benutzer lassen sich durch "intelligente" Auswahlmechanismen in den Workflow einbinden. Externe Applikationen, sowohl Altsysteme als auch neue Anwendungen, werden durch das WMS auf Basis loser Kopplungen integriert. Insbesondere für Unternehmen, die zahlreiche Host- und Desktop-"Inselapplikationen" betreiben, ist dies eine Alternative zu solch einschneidenden und kostspieligen Maßnahmen wie die Umstellung auf relativ starre, hochintegrierte Standardsoftwarepakete. Der Grad der Automatisierung einer Workflow-Aktivität kann je nach vorhandener IV-Unterstützung (personell, Dialogverarbeitung, automatisch) flexibel angepaßt werden (Abbildung 2.5/1). So läßt sich die IV-Unterstützung eines Prozesses mit dem WMS als "Rückgrat" der Integration in einer Art Baukastenweise vorantreiben oder auch, etwa wenn man mit bestimmten Anwendungen schlechte Erfahrungen gemacht hat, wieder "zurückfahren".

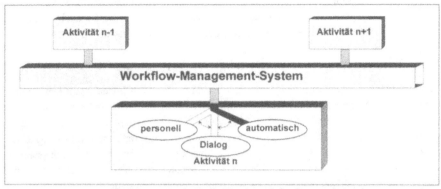

Abbildung 2.5/1: WMS als "Rückgrat" der Integration

Die Wechselwirkungen von Dokumenten-/Workflow-Management und "Business Process Reengineering" (BPR) sind Inhalt zahlreicher Veröffentlichungen [z.B. WhFi94; Kric95; SwIr95] und sollen hier nicht vertieft werden. Unstrittig ist, daß DMS/WMS Chancen beim "Streamlining" von Vorgangsketten im Sinne des "IT-enabled BPR" [z.B. Dave93; Doug93] bieten. Die technisch orientierten Integrationsstufen liefern einen groben Rahmen für eine evolutionäre Vorgehensweise [Gall94, S. 162 und S. 166], wie sie gerade bei schon bestehenden komplexen IV-Architekturen angebracht ist. Venkatraman unterscheidet zwei Motivationen für BPR: "enhance capabilities" als umfassende Neugestaltung und "seek efficiency" als Verbesserung im bestehenden Rahmen [Venk94, S. 85]. DMS/WMS werden gewöhnlich in Projekten der zweiten Kategorie eingesetzt, um bestimmte Schwachstellen, z.B. zu lange Durchlaufzeiten, auszuschalten. Petrovic weist im Zusammenhang mit den "Potentialfaktoren" der Informationstechnologie (Automatisierung, vermehrte Information, Reduktion örtlicher und zeitlicher Schranken, Parallelisierung, Integration) mehrfach auf den Bereich DMS/WMS hin [Petr94, S. 583 ff.]. Selten jedoch findet man, genauso wie in der methodenbezogenen WMS-Literatur, die Bestätigung der Nutzeffekte durch eine realisierte, industrielle DMS/WMS-Anwendungslösung. Hier setzen das vierte und fünfte Kapitel an: Die Rolle von Dokumenten- und Workflow-Management als "Enabler" der Integration wird durch ein industrielles Referenzmodell und Praxisbeispiel verdeutlicht.

3 Anwendungslösungen im Bereich Dokumenten- und Workflow-Management

Ziel des dritten Kapitels ist es, einen Überblick über den State-of-the-Art im Bereich Dokumenten- und Workflow-Management zu geben. Es existieren bereits zahlreiche Studien über kommerziell verfügbare DMS/WMS [z.B. ErSc95]. Auch entstanden viele Systeme im Rahmen von Forschungsaktivitäten, wie z.b. MOBILE [Jabl95a; Jabl95b], ProMInanD [Karb94], InConcert [AbSa94] und ActMan [ReWe92; Rein93], die z.t. mehrfach gegenübergestellt wurden. Allen vergleichenden Studien ist gemein, daß sie sich auf die Werkzeugseite konzentrieren. Der Fokus dieser State-of-the-Art-Betrachtung liegt jedoch aus mehreren Gründen auf schon realisierten Anwendungslösungen:

- Der "Stand der Kunst" sowie die Nutzeffekte von Dokumenten- und Workflow-Management lassen sich so realistischer abschätzen als durch werblich gefärbte Werkzeugbeschreibungen oder nur im Forschungsumfeld eingesetzte Tools.

- Der Markt für DMS/WMS ist noch nicht konsolidiert und sehr dynamisch, so daß Produktvergleiche aufgrund zahlreicher struktureller Unterschiede (vgl. Abschnitt 2.4.1.1) schwierig sind und zum anderen "ihrer Zeit hinterherhinken".

- Unternehmungen, die den Einsatz der Dokumenten- und Workflow-Management-Technologie planen, profitieren von den Erfahrungen ähnlicher Projekte.

Basis der State-of-the-Art-Untersuchung ist eine Informationssammlung über Dokumenten- und Workflow-Management-Anwendungen [Rech94], deren Ergebnisse in einer Datenbank abgelegt sind und ständig aktualisiert werden. Abschnitt 3.1 präsentiert überblicksartig einen Ausschnitt der erfaßten Systeme. Es folgen detailliertere Beschreibungen ausgewählter innovativer Anwendungen in Kapitel 3.2 sowie einige Schlußfolgerungen.

3.1 Anwendungslösungen im Überblick

Die Informationssammlung enthält insgesamt 77 Anwendungslösungen im Bereich DMS/WMS, die jeweils durch Ausgangssituation, Systemlösung und Nutzeffekte beschrieben werden. Hinzu kommen verschiedene Merkmale, wie z.B. die Integrationsstufe und -reichweite (vgl. Kapitel 2.1), Wirtschaftszweig, Branche, Status (Prototyp, Running System etc.) und eingesetzte DMS/WMS-Tools.

Die eher "konventionellen" Anwendungen aus der Informationssammlung, d.h. DMS-Anwendungen als reine Archivierungssysteme (Integrationsstufe zwei, vgl. Kapitel 2.2), werden, obgleich von den Dokumentenmengen vielfach beeindruckend, nachfolgend nicht betrachtet. Der Schwerpunkt liegt auf Lösungen der dritten und vierten Kategorie, die wesentliche Eigenschaften der entsprechenden Integrationsstufe aufweisen. Für Anwendungen der Stufe drei (integriertes Dokumenten-Management, vgl. Abschnitt 2.3) sind dies in erster Linie Schnittstellen zwischen dem DMS und Systemen der formatierten DV, die Integration verschiedener

Dokumentarten unter einer einheitlichen Retrievaloberfläche sowie das Dokumentenmappen-konzept. Lösungen der vierten Stufe (integriertes Dokumenten- und Workflow-Management, vgl. Kapitel 2.4) zeichnen sich durch zusätzliche Workflow-Funktionen aus. Zwar sind auch Anwendungsbeispiele der Stufe drei oft prozeßorientiert, indem z.b. ein eingehendes Dokument gescannt, teilautomatisch an eine Bearbeitungsstelle versandt und anschließend personell durch den Prozeß geleitet wird. Zur vierten Stufe wurden jedoch nur Systeme gezählt, bei denen das WMS durchgehend den Prozeß steuert; dies sind freilich z.T. "Mini-Workflows".

Auch bei der Integrationsreichweite ist die Zuordnung nicht immer eindeutig: So werden z.b. als zwischenbetriebliche Anwendungen nur solche verstanden, an denen mehrere örtlich getrennte Unternehmungen aktiv partizipieren. Triggert jedoch ein eingehendes Fax einen Workflow automatisch oder sind mehrere Standorte eines Unternehmens in eine Anwendung eingebunden, so gilt dies noch nicht als zwischenbetriebliche Anwendungslösung.

Einen Einblick in die Vielfalt der Einsatzmöglichkeiten gibt Tabelle 3.1/1. Sie charakterisiert einige integrierte DMS- bzw. DMS/WMS-Anwendungen der Informationssammlung anhand der Merkmale Wirtschaftszweig (WZ), Branche, Integrationsstufe (IS), Integrationsreichweite (IR[4]) und Kurzbeschreibung. Als Wirtschaftszweige werden nur Industrie und Dienstleistung angegeben; die wenigen Beispiele aus dem Handel sind unter Dienstleistung subsumiert. Die Kurzbeschreibung setzt sich aus dem Einsatzbereich sowie (in Klammern) aus den wesentlichen Dokumenten und Schnittstellen zur formatierten DV zusammen.

	Anwender	WZ	Branche	IS	IR
	Kurzbeschreibung				
1	AEG AG	Industrie	Elektrogeräte	3	2
	Ruhegeldverwaltung (Bescheinigungen, Krankenversicherungen etc.; Integration der host-basierten Personalverwaltung)				
2	BASF AG	Industrie	Chemie	3	2
	Patenterteilungsverfahren (Patentdokumente etc.; Zugriff auf formatierte Host-"Altdaten")				
3	BMW Rolls-Royce GmbH	Industrie	Flugzeugbauindustrie	3	4
	Verteilte Flugzeugtriebwerksentwicklung (Konstruktionszeichnungen etc.; Integration von Microsoft-Anwendungen)				
4	Brandenburgisches Ministerium des Inneren	Dienstleistung	Öffentliche Betriebe	4	3
	Verschiedene Verwaltungsprozesse (Schriftverkehr etc.; automatischer Aufruf verschiedener Anwendungen)				
5	Bruderhilfe-Versicherungsgruppe	Dienstleistung	Versicherungen	3	3
	Anfragebearbeitung (Schriftverkehr, Vorgangsakten etc.; Integration von Host-Daten, u.a. zur Dokument-Indexierung)				

---

[4] 1=Insellösung, 2=Funktions-/Unternehmensbereich, 3=Funktionsbereichsübergreifend/unternehmensweit, 4=Zwischenbetrieblich (vgl. Abbildung 2.1/1)

	Anwender	WZ	Branche	IS	IR
	Kurzbeschreibung				
6	Burlington Air Express	Dienstleistung	Transport	3	3
	Kundenabrechnung (Frachtunterlagen etc.; Einbindung von host-basierten Finanz- und Kundeninformationssystemen)				
7	Burroughs Wellcome	Industrie	Pharma	4	3
	Werkstoffentwicklung und -prüfung (Forschungsberichte, Genehmigungsformulare etc.; Aufruf von Host-Anwendungen)				
8	debitel Kommunikationstechnik GmbH & Co. KG	Dienstleistung	Telekommunikation	4	3
	Netzanschluß-Antragsbearbeitung (Anträge etc.; Integration der Rechnungswesenprogramme)				
9	Deutsche Bank Versicherungsgruppe	Dienstleistung	Versicherungen	4	2
	Verschiedene Sachbearbeitungsprozesse (Antragsformulare, Kundendokumente etc.; Zugriff auf Host-Systeme, z.B. Vertragsinformationssystem)				
10	Deutsche Lufthansa AG	Dienstleistung	Flugverkehr	4	2
	Revision technischer Dokumente (Wartungs- und Instandhaltungsdokumente, Dokumentenmappe etc.; Einbindung einer "Dokumentstruktur-Datenbank")				
11	DWS Deutsche Gesellschaft für Wertpapiersparen mbH	Dienstleistung	Banken	4	3
	Verschiedene Vorgänge der Investmentkontenverwaltung (Eingangspost etc.; Einbindung verschiedener Host-Anwendungen zur Datenübernahme)				
12	Europäisches Patentamt	Dienstleistung	Öffentliche Betriebe	4	4
	Antragsbearbeitung, d.h. Patentanmeldung mit Prüfung (Vorgangs-"Dossier" mit durchschnittlich 100 Dokumenten; einheitlicher Zugriff auf Datenbanken)				
13	Festo KG	Industrie	Automatisierungstechnik	3	2
	Technische Dokumentation (Handbücher, Kataloge, Preislisten etc.; Integration verschiedener Informationsquellen in die Dokumentation)				
14	Hamburgische Landesbank	Dienstleistung	Banken	3	3
	Zahlungsverkehr (Belege etc.; Integration der Daten aus dem beleglosen Zahlungsverkehr)				
15	Heller Bank AG	Dienstleistung	Banken	3	3
	Scheckbearbeitung und -archivierung (Schecks, Kundenakten etc.; Einbindung von Debitorenbuchhaltungsprogrammen)				
16	Hughes Aircraft Corporation	Industrie	Rüstung	3	3
	Entwicklung, Konstruktion und Produktion (Unternehmensweite Integration der Entwicklungs-/Produktionsdaten und -Dokumente)				
17	INA Wälzlager Schaeffler KG	Industrie	Maschinenbau	4	3
	Anfrage-/Angebotsabwicklung von Sonderlagern (Kundendokumente, technische Dokumente etc.; Integration neuer Anwendungssysteme sowie von "Alt-"Systemen)				
18	Krupp Stahl AG	Industrie	Stahlverarbeitung	3	2
	Rechnungsprüfung (Eingangspostzuordnung; Integration von BS 2000-Anwendungen)				
19	Lidl & Schwarz	Dienstleistung	Handel	3	2
	Clearing-Abteilung, Rechnungsprüfung (Rechnungen etc.; Integration von kundenbezogenen Informationssystemen)				

Anwender	WZ	Branche	IS	IR
Kurzbeschreibung				
20 Lufthansa AirPlus Sevicekarten GmbH	Dienstleistung	Flugverkehr	4	3
Verschiedene Vorgänge im Kundenservice, z.B. Karte sperren (Formulare etc.; Daten-Import/Export mit Host-Anwendungen)				
21 Nordic Track	Industrie	Sportgeräte	4	2
Produktentwicklung (Entwürfe, CAD-Dokumente, Patentdokumente etc.; Einbindung von Host-Systemen)				
22 Nürnberger Versicherungsgruppe	Dienstleistung	Versicherungen	3	2
Antragsbearbeitung Kfz-Versicherungen (Versicherungsanträge, Schadensfallformulare etc.; Integration des host-basierten Vertragsverwaltungssystems)				
23 Opel AG	Industrie	Automobilbau	3	3
Entwicklung und Konstruktion (Technische Produkt- und Werkzeugdokumente; Einbindung von Stücklistenprogrammen)				
24 Quelle Schickedanz AG & Co.	Dienstleistung	Handel	3	4
Auftragsabwicklung für Einbauküchen in den Vertriebsbüros (CAD-, Kunden-, Liefe-rantendokumente; Integration mit zentralem Host)				
25 Rheinisches Rechenzentrum für Kirche und Diakonie GmbH	Dienstleistung	Rechenzentrum	4	2
Verschiedene Vorgänge in der Personalverwaltung (Eingangspost, Formulare etc.; Inte-gration von Host-Anwendungen, u.a. zur Dokument-Indexierung)				
26 St. Mary's Hospital	Dienstleistung	Öffentliche Betriebe	3	3
Patientenaktenverwaltung (Röntgenbilder, Gesundheitsberichte etc.; Einbindung von Host-Patientenstammdaten)				
27 Talkline PS Phone Service GmbH	Dienstleistung	Kommunikation	4	4
Netzanschluß-Antragsbearbeitung (Antragsformular, Eingangspost etc.; Integration von Host-Anwendungen, u.a. der Netzwerkbetreiber)				
28 Union Pacific Railroad	Dienstleistung	Flugverkehr	4	2
Verschiedene Vorgänge in der Rechnungsprüfung (Eingangspost etc.; Integration von Host-Anwendungen)				
29 Unternehmensgruppe A. Sutter	Dienstleistung	IT-Service	3	3
Auftragsabwicklung (Kunden- und Auftragsdokumente; Austausch von Kundendaten zwischen Host-Systemen und DMS)				
30 Volksbank Ludwigsburg e.G.	Dienstleistung	Banken	4	3
Kreditbearbeitung (Antragsformulare etc.; Integration von Anwendungen des Verbands-rechenzentrums)				
31 Warsteiner Brauerei	Industrie	Lebensmittel	3	3
Presseabteilung und Buchhaltung (Pressearchiv, Kontenblätter, Journale etc.; Integration von Host-Fakturierungsprogrammen)				
32 Wilhelm Fette GmbH	Industrie	Maschinenbau	3	3
Anfrage-/Angebotsabwicklung (Angebotsdokument etc.; Datenübernahme aus Host-Systemen, u.a. PPS)				

Tab. 3.1/1: Anwendungslösungen im Überblick

3.2   Ausgewählte Anwendungslösungen

3.2.1   Industriebetriebe

3.2.1.1   Integriertes DMS in der Patentabteilung der BASF AG

Die BASF AG (Jahresumsatz über 40 Mrd. DM) stellt mit ihren Tochtergesellschaften Produkte aus allen Sparten der Chemie her. Das Unternehmen hält zur Zeit etwa 8.000 eigene Patente in Deutschland und ca. 52.000 Auslandspatente. Auch für Warenzeichen, z.b. Produktnamen, wird bei den Patentämtern Schutz beantragt.

Aufgabe der Patentabteilung der BASF ist es, eigene Forschungsergebnisse durch entsprechende Patentanmeldungen und -verlängerungen abzusichern und die Patentlage auf allen Produktionsgebieten zu überwachen. Gegebenenfalls sind Kooperationsverträge zu schließen oder Lizenzen zu erwerben. Hierbei muß von den Mitarbeitern des Patentwesens ständig eine große Menge an eingehenden Informationen gesichtet und zusammen mit vorhandenen Datenbeständen verarbeitet werden. Darüber hinaus findet ein umfangreicher Schriftverkehr statt, wobei viele Vorgänge an strenge Fristen gebunden sind und die Dokumente strikten Formalanforderungen unterliegen. Rund 1.000 Entwicklungen im Jahr sind zur Patentanmeldung vorzubereiten. Um den erhofften wirtschaftlichen Ertrag der Innovation zu sichern, steht eine schnelle Bearbeitung im Vordergrund. So wurden früher Boten mit eilig zu Papier gebrachten Schutzanträgen nach München zum Patentamt geschickt. Dies sicherte zwar die Priorität, aber nicht selten wurden die Schriftsätze wegen formaler oder anderer Mängel zurückgewiesen. In dem forschungsaktiven Großunternehmen stellt das Patentwesen somit hohe Anforderungen an die IV. Bereits 1970 wurden hierarchische Patentdatenbanken auf dem Großrechner eingerichtet.

Die Nachteile der nicht gekoppelten Daten- und Dokumentenverarbeitung veranlaßten BASF, eine integrierte DMS-Anwendungslösung für das Patenterteilungsverfahren zu erarbeiten [OV94]. Neben einer umfassenden Unterstützung beim Erstellen von Dokumenten (z.B. Bereitstellen der jeweils erforderlichen landesspezifischen Formblätter) war von besonderem Interesse, vorgangsbezogene Informationen automatisch aus Datenbanken in Formulare einzufügen.

Die Anwendung basiert auf einer Client/Server-Umgebung mit RISC-Workstations, auf denen ein DMS und das relationale Datenbanksystem ORACLE (Daten-Server) betrieben werden. Weiterhin ist ein Netzwerk mit mehr als 80 PCs installiert, das die Referenten bei Recherchen in Datensammlungen auf dem Großrechner und auf dem Daten-Server unterstützt. Die zentralen Informationsbestände bereits früher vorhandener Datenbanken (IMS, DB2) werden über das PC-Netz aktualisiert, täglich auf den Daten-Server transferiert und stehen der Patentabteilung anschließend online zur Verfügung. Im zentralen Schreibdienst bildet man Originalformulare mit dem DMS ab. Informationen des Daten-Servers lassen sich direkt in die Dokumente einbinden. Die erstellten Schutzanträge gelangen schließlich per Fax an das Patentamt in München, bevor sie im DMS archiviert werden.

Die Nutzeffekte der Anwendung sind typisch für integrierte DMS-Lösungen: Die zeit- und kostenintensive Bevorratung von Papierformularen erübrigt sich. Weiterhin erhöht sich die Qualität der Dokumente, sinkt die Fehlerquote bei der Dokumentenbearbeitung und verkürzen sich die Antragsdurchlaufzeiten, was gerade im Patentwesen zu strategischen Vorteilen führen kann. Weiterhin lassen sich "Altlasten", in diesem Fall IMS- und DB2-Host-Datenbestände, in Dokumente integrieren.

3.2.1.2 Integriertes DMS/WMS in der Produktentwicklung bei Nordic Track

Nordic Track ist ein weltweit tätiger Sportgerätehersteller. Bemerkenswert ist, daß Nordic Track über keine interne F&E-Abteilung verfügt. Die neuen Produktinnovationen stammen hauptsächlich aus dem ständig wachsenden Netzwerk unabhängiger Erfinder, die das Unternehmen über Kleinanzeigen auf den letzten Seiten von Zeitschriften um Hilfe bittet.

Nordic Track erhält auf diese Weise über 100 Entwicklungsvorschläge pro Woche. Vielfältige Konstruktionen und Ideen gehen ein: Das Spektrum reicht von der Skizze auf einer Cocktail-Serviette bis hin zu kompletten CAD-Dateien und Multimedia-Präsentationen. Um das Wachsen des Erfinder-Netzwerks zu fördern und zu gewährleisten, daß gute Ideen dem Unternehmen nicht aufgrund unbearbeiteter Vorschläge verlorengehen, verfolgt Nordic Track den Grundsatz, jeden Vorschlag innerhalb von zehn Tagen zu prüfen und dem Erfinder zu antworten. Dieses Ziel ist bei einer manuellen Vorgangsbearbeitung nur mit hohem Personaleinsatz zu verwirklichen. Daher entschied sich Nordic Track zur Einführung eines integrierten DMS/WMS in der Produktentwicklungsgruppe [Keyf94].

Zunächst werden eingereichte Vorschläge gescannt bzw. elektronisch zugestellte Dokumente direkt in das System importiert und anschließend an die entsprechenden Mitarbeiter verteilt. Diese können mit dem integrierten DMS/WMS alle für einen bestimmten Vorschlag relevanten Dokumente, u.a. Rasterbilder von Entwürfen, CAD-Zeichnungen, Photographien, Formulare, Rechtsdokumente, Patentinformationen und auch Sprachanmerkungen, an ihren Arbeitsplätzen online abrufen. Die Informationen zu einem Vorschlag sind in einer elektronischen Mappe zusammengefaßt. Jede Person in der "Bearbeitungsschleife" hat einen Tag Zeit, alle neu in ihrem elektronischen Postkorb gestellten Vorgangsmappen zu sichten. Falls sie dort länger verbleiben, benachrichtigt das System den Mitarbeiter mit den anstehenden Aktivitäten bzw. versendet den Vorgang an eine andere Instanz. Die Mitarbeiter können Dokumente mit Stift- oder Mauseingabe markieren, Anmerkungen hinzufügen, drucken, faxen und auch Sprachannotationen vornehmen. Potentiell vielversprechende Ideen werden an weitere Mitarbeiter der Produktplanungsgruppe für eine eingehende Evaluation, Diskussion sowie eine technische und kostenbezogene Analyse verteilt. Wenn der Entwurf akzeptiert wird, gehen auch Unterlagen wie Patente, Verträge und Korrespondenz in die Dokumentenmappe ein. Bei

Ablehnung der Idee wird der Vorgang einem zuständigen Sachbearbeiter gesandt, der dem Einreichenden mit einem freundlichen Ablehnungsschreiben antwortet.

Die Anwendungslösung verdeutlicht, wie eine innovative Idee, das "externe Know-how- und Ideen-Netzwerk", durch ein DMS/WMS unterstützt werden kann. Nur vergleichsweise wenig Mitarbeiter prüfen und beantworten die zahlreichen Entwicklungsvorschläge, die bei Nordic Track eingehen. Der Zugriff auf alle relevanten Daten und Dokumente ist während des Workflows möglich, dessen Bearbeitungszeit - überwacht vom WMS - sich gegenüber der personellen Bearbeitung wesentlich verkürzt hat.

3.2.2 Dienstleistungsbetriebe

3.2.2.1 Integriertes DMS in der Sachbearbeitung der db Versicherungsgruppe

Die Hauptverwaltung der Deutschen Bank (db) Versicherungsgruppe (Deutsche Herold Versicherung und dbLeben Lebensversicherung) hat täglich ca. 9.000 Seiten eingehende und etwa 35.000 Seiten ausgehende Post zu bewältigen. In den vergangenen Jahren haben sich allein in der Hauptverwaltung Archive mit einem Umfang von etwa 80 Millionen DIN-A4-Seiten aufgebaut. Die Sachbearbeitung wurde oftmals durch Wartezeiten von zwei bis drei Tagen bei der Anforderung von Unterlagen aus den Papierarchiven unterbrochen.

Diese Mißstände waren der Auslöser für die Konzeption und Realisierung eines integrierten DMS [Lams95a]. Eingehende Schriftstücke werden in zentralen Poststellen gescannt und mit einem Basisindex über den Dokumenteninhalt versehen, wodurch das Schriftstück einer bestehenden Versicherung zugeordnet wird. Mit Hilfe von Bearbeitungsregeln stellt das DMS die elektronischen Eingangsdokumente der Fachabteilung zu. Während der Dokumentenbearbeitung kann aus der DMS-Umgebung auf die Host-Anwendungen (z.B. Funktionen des Versicherungsverwaltungssystems) zugegriffen werden. Beim Formulieren des Antwortschreibens unterstützt das System durch Formularmuster, geeignete Textbausteine sowie importierte Kunden- und Vertragsdaten. Schließlich wird die "elektronische Akte" mit allen Eingangs- und Ausgangsdokumenten indiziert und archiviert.

Diese Lösung stellt einen typischen Grenzfall zwischen den Integrationsstufen drei und vier dar: Dokumente werden zwar nach dem Eintreffen weitergeleitet, die Steuerung obliegt jedoch weitgehend den Sachbearbeitern. Neben der kürzeren Durchlaufzeit - der Projektleiter gibt einen Rückgang der durchschnittlichen Bearbeitungsdauer pro Geschäftsvorfall von 4,8 auf 0,8 Tage an [Lams95b] - sind eine erhöhte Auskunftsbereitschaft sowie transparente Vorgänge die wesentlichen Nutzeffekte.

3.2.2.2 Integriertes DMS/WMS in der Antragsbearbeitung der Talkline GmbH

Die Talkline PhoneService GmbH, ein privater Serviceanbieter im digitalen D1- und D2-Netz, arbeitet bundesweit mit ca. 3.000 Vertriebspartnern zusammen. Jeden Monat kommen etwa 8.000 neue Kunden hinzu. Dabei sind fast 2.000 telefonische Anfragen pro Tag zu beantworten. Da ein solches Antragsvolumen auf Papierbasis nicht zu bewältigen ist, entschloß man sich für den Einsatz eines integrierten DMS/WMS [File94].

Das System unterstützt die gesamte Antragsabwicklung, beginnend mit dem Eingang des Neuantrages über die Freischaltung der Telefonkarte bis hin zur Abrechnung der Gebühren. Entscheidet sich ein Kunde für die Teilnahme am angebotenen Telefonnetz, so werden seine Daten (Name, gewünschtes Netz, Bankverbindung usw.) zunächst beim Talkline-Vertriebspartner eingegeben. Der Antrag wird danach ausgedruckt, unterschrieben, wieder in das System gescannt und zusammen mit den formatierten Daten über Online-Verbindungen an die Zentrale gesandt. Dort faßt das integrierte DMS/WMS alle eingehenden Dokumente und Daten eines Antrags in einer Akte zusammen. Der Workflow startet, indem das System die elektronische Akte zur Bearbeitung der ersten Aktivität - Vergleich des gescannten Antrags mit den eingegebenen Daten - weiterleitet. Anschließend gelangt die Akte in die To-Do-Liste des nächsten Mitarbeiters, um die Kundenbonität zu prüfen. Das DMS/WMS unterscheidet zwischen Privatkunden, die zunächst hinsichtlich ihrer Zahlungsmoral überprüft werden, und Firmenanträgen, die sofort zur Freischaltung weitergeleitet werden. Erst nach positivem Finanzcheck - der Sachbearbeiter wählt sich hierfür in den Rechner einer Auskunftei ein - wird ein Privatkundenantrag an die nächste Abteilung weitergereicht, bei negativer Auskunft aus der To-Do-Liste entfernt und der entsprechende Händler informiert. Das System hält in diesem Fall den Antrag solange in einer Schleife, bis der Kunde eine Kaution bezahlt hat, und gibt ihn dann zur Freischaltung weiter. Alle erfolgreich geprüften Anträge werden zunächst im Kundenverwaltungs- und Abrechnungssystem angelegt. Der Sachbearbeiter wählt sich anschließend über Datex-P-Gateways in den Rechner des jeweiligen Netzbetreibers ein, um die Anschlußnummer aktivieren zu können. Ist die Freischaltung durch den Netzbetreiber bestätigt, überträgt der Sachbearbeiter die Antwort in das DMS/WMS, das automatisch eine Datei mit der Rufnummer des neuen Anschlusses erstellt und zum entsprechenden Händler schickt.

Neben einer kontrollierten und verkürzten Antragsbearbeitung in der Zentrale hat sich der Einsatz des DMS/WMS positiv auf die Betreuung der Kunden und Händler ausgewirkt. Telefonische Anfragen, warum z.B. eine Telefonkarte noch nicht freigeschaltet wurde, können sofort beantwortet werden, da sämtliche notwendigen Informationen, sowohl formatierte Daten der Administrationssysteme als auch gescannte Dokumente und Formulare, online verfügbar sind. Hinzu kommen eine durchgängige IV-basierte Kommunikation mit den Vertriebspartnern sowie der Abbau von finanziellen Risiken durch den im Workflow integrierten Finanzcheck.

3.3 Zusammenfassende Beurteilung

Natürlich stellen die in der State-of-the-Art-Datenbank erfaßten und klassifizierten Anwendungsbeispiele nur einen kleinen Ausschnitt aus den weltweit implementierten Systemlösungen dar. Dennoch können anhand der Datenbasis Trendaussagen gewonnen werden. Abbildung 3.3/1 systematisiert die Anzahl der Anwendungslösungen anhand der Kategorien Integrationsstufe und -reichweite (vgl. Abbildung 2.1/1). Unterschieden wird zwischen Lösungen im Dienstleistungs- und im Industriesektor.

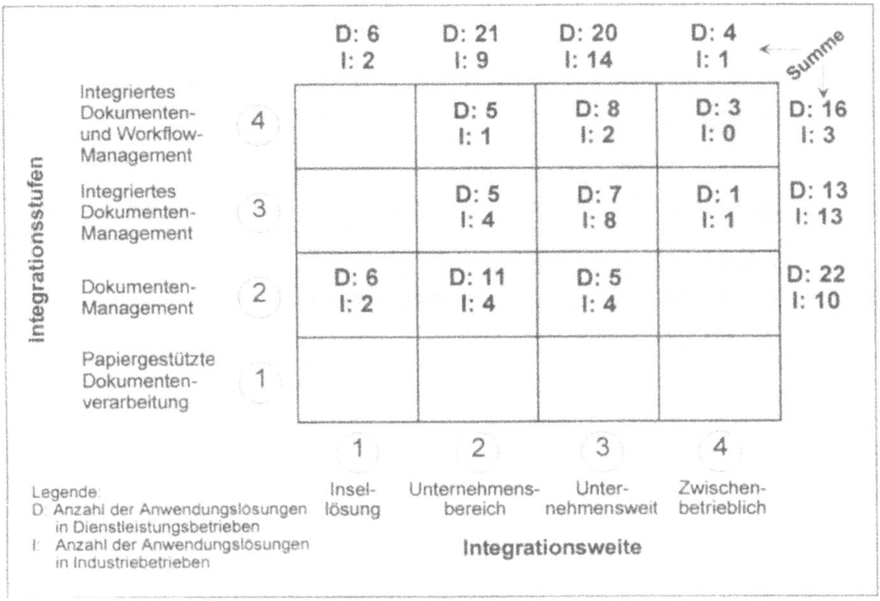

Abb. 3.3/1: Anwendungslösungen im Integrationsportfolio

Die 77 dokumentierten Anwendungen teilen sich auf in 32 reine Archivierungslösungen (Stufe zwei) gegenüber 26 integrierten DMS-Anwendungen und 19 Workflow-Lösungen der Stufe vier. Auf den Dienstleistungsbereich entfallen insgesamt 51 (66 %) gegenüber 26 (34 %) im industriellen Sektor. Auffallend ist der Vorsprung von Dienstleistungsbetrieben in der vierten Stufe: Hier finden sich bereits 16 fortschrittliche Anwendungen gegenüber nur drei in der Industrie. Dies mag zum einen daran liegen, daß sich insbesondere Banken und Versicherungen schon vor einigen Jahren dem "Papierproblem" durch Archivierungsprojekte (Stufe zwei) angenommen haben, die fast immer Vorläufer von Workflow-Anwendungen sind und sich i.d.R. über mehrere Jahre hinziehen. Zum anderen sind viele Dienstleistungsprozesse, z.B. die Antragsbearbeitung, stark strukturiert und kommen somit dem Einsatz von WMS entgegen. Zu beachten ist jedoch, daß im Industriesektor vielfach der Ausbau vorhandener

Anwendungslösungen zur Stufe vier geplant bzw. in Entwicklung ist. Dies erkennt man auch daran, daß ein ausgeglichenes Verhältnis bei integrierten DMS-Lösungen (Stufe drei) vorliegt.

Ein ähnliches Bild ergibt sich bei der Integrationsreichweite: Die Informationssammlung verzeichnet vier zwischenbetriebliche Lösungen im Dienstleistungssektor gegenüber nur einer in der Industrie. Auch hier gilt, daß die Industrie langsam "nachzieht", indem z.B. Kunden und Lieferanten in DMS/WMS-Anwendungen eingebunden werden.

Bezogen auf den Einsatzbereich dominieren im Dienstleistungssektor Prozesse der Antragsbearbeitung. In der Industrie findet man die meisten Beispiele in den der Produktion vorgelagerten Bereichen (vgl. Kapitel 4.1) Entwicklung und Konstruktion sowie Anfrage-/Angebotsbearbeitung. Die schon in Abschnitt 2.5 erwähnten quantitativen Nutzeffekte, wie z.B. Durchlaufzeitverkürzung und geringere Papierkosten, sind bei allen Anwendungen zu verzeichnen. Exakte Angaben über die Wirtschaftlichkeit der Lösungen, wie z.B. Return on Investment, findet man selten. Bei den qualitativen Nutzeffekten dominieren der integrierte Zugriff auf Daten und Dokumente aus unterschiedlichen Anwendungssystemen in einer heterogenen Systemlandschaft und die damit verbundene erhöhte Auskunftsbereitschaft gegenüber Kunden. Speziell in der Industrie rückt das Dokument zunehmend in den Mittelpunkt der IV, da es weniger den Charakter reiner Verwaltungsobjekte, wie z.B. Versicherungsanträge, hat, sondern vielmehr den eines Know-how-Trägers.

4 Referenzmodell für den Einsatz eines integrierten DMS/WMS im Angebotsprozeß von Maschinenbauunternehmen

Inhalt des vierten Kapitels ist ein Referenzmodell für den Einsatz eines integrierten DMS/WMS im kundenwunschorientierten Angebotsprozeß von Maschinenbauunternehmen [MoRa94]. Abschnitt 4.1 skizziert zunächst die industriellen Anwendungsbereiche der Dokumenten- und Workflow-Management-Technologie und motiviert die Konzentration auf den Angebotsprozeß. Es folgen die Informationsgrundlagen und Sichten des Referenzmodells, das schließlich in Abschnitt 4.3 vorgestellt wird. Das Kapitel schließt mit einigen zusammenfassenden Bemerkungen.

4.1 Einsatzbereiche in der Industrie

4.1.1 Kerngeschäftsprozesse

Die Analyse der industriellen Einsatzbereiche für DMS/WMS konzentriert sich auf die Kerngeschäftsprozesse entlang der Wertschöpfungskette. Im Vordergrund stehen Unternehmen mit auftrags- bzw. kundenwunschorientierter Fertigung. Die extrahierten Geschäftsprozesse ergeben sich - mit Ausnahme der Anfrage-/Angebotsabwicklung - grundsätzlich auch bei Vorratsfertigung. Folgende industrielle Kerngeschäftsprozesse lassen sich in Anlehnung an Mertens [Mert95, S. 5 f.], Scheer [vgl. Sche95, S. 5 ff.] und Wildemann [vgl. Wild93, S. 14 f.] abgrenzen:

- Produktentwicklung

  Sie umfaßt die produktbezogenen Aktivitäten von der Produktidee bis zur -ausreifung für die Fertigung.

- Anfrage-/Angebotsabwicklung

  Bei kundenwunschorientierter Fertigung gehen den Aufträgen in der sog. Pre-Sales-Phase Kundenanfragen und Angebote voraus. Die Anfrage-/Angebotsabwicklung umfaßt die Vorgangsschritte vom Kundenkontakt bis hin zum Erstellen eines individuellen Angebots.

- Auftragsabwicklung i.e.S.

  Dieser Geschäftsprozeß enthält die dem Produktionssektor unmittelbar vor- und nachgelagerten Aktivitäten, die sich direkt auf einen Auftrag beziehen (z.B. Auftrag erfassen, Versandpapiere erstellen).

- Beschaffung/Lagerhaltung

  Hierunter subsumiert man die für die Bestellung und Lagerung von Fremdbezugsteilen maßgebenden Aktivitäten (Bestellung disponieren und administrieren, Lieferung überwachen, Wareneingang prüfen, Lagerbestand führen etc.).

31

- Produktionsplanung und -steuerung

  Die Planung und Steuerung der Fertigung zählt nicht zu den kundennahen, dokumentenintensiven Prozessen und ist deswegen für den Einsatz von DMS/WMS von untergeord-
  neter Bedeutung.

- Kundendienst

  Die After-Sales-Phase umfaßt den Prozeß der Reklamationsbearbeitung, der durch Beschwerden von Kunden über eine unsachgemäße Auftragserfüllung ausgelöst wird, sowie
  die im Rahmen eines Reparaturauftrags initiierten Aktivitäten.

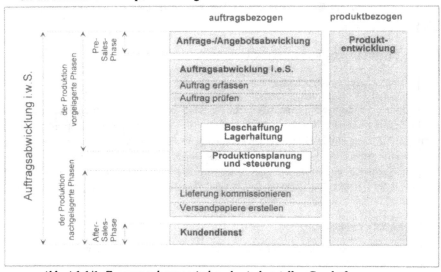

Abb. 4.1.1/1: Zusammenhang zwischen den industriellen Geschäftsprozessen

Die abgegrenzten Geschäftsprozesse sind natürlich nicht isoliert zu sehen. Abbildung 4.1.1/1
verdeutlicht den Zusammenhang. Fertigt ein Unternehmen ausschließlich kundenwunschori-
entiert, so ergibt sich die große Vorgangskette Auftragsabwicklung i.w.S., in der die Produktentwicklung, die Beschaffung/Lagerhaltung wie auch die Produktionsplanung und -steuerung
eines Auftrags vollständig einbezogen sind.

4.1.2 Kundenwunschorientierter Angebotsprozeß

Bis auf die Produktionsplanung und -steuerung zeichnen sich alle in Abbildung 4.1.1/1 dargestellten Kernprozesse durch einen hohen Anteil an Dokumenten aus, wie im Rahmen einer an
die Methode "Business Systems Planning" [IBM81] angelehnten Analyse gezeigt wurde
[Jezu93, S. 10 ff.]. Sie stellen somit potentielle Einsatzgebiete für DMS/WMS dar. Als Bei-

spiel für das Referenzmodell wie auch für die Realisierung beim Industriepartner wurde die kundenwunschorientierte Anfrage-/Angebotsabwicklung aus mehreren Gründen gewählt:

- Die Komplexität des Angebotsprozesses und somit auch der Aufwand für die Realisierung einer DMS/WMS-Anwendung sind geringer als bei der Auftragsabwicklung i.e.S. Gegenüber den Prozessen in der Produktentwicklung und im Kundendienst besteht der Vorteil der besseren Strukturierbarkeit.

- Vor dem Hintergrund einer zunehmenden Individualisierung der Kundennachfrage und der damit einhergehenden steigenden Zahl an Anfragen mit spezifischen Kundenanforderungen - vor allem in weiten Bereichen der Investitionsgüterindustrie - nimmt der Prozeß der Anfrage-/Angebotsabwicklung an Bedeutung zu [z.B. Firf94]. Dies gilt insbesondere für deutsche Unternehmen mit ihrer im internationalen Vergleich relativ individuellen Fertigung. Parallel zu dieser Entwicklung sinkt jedoch die Erfolgsquote der Angebote: Eine Studie ergab u.a., daß in manchen Industriezweigen 10 bis 20 individuelle Angebote erstellt werden müssen, um einen Auftrag zu erhalten [VDI91]. Die Umlage der Angebotskosten auf einen Auftrag in Abhängigkeit von Branche und Auftragswert beträgt bis zu 12 %. Etwa in gleicher Höhe bewegt sich das Verhältnis der Durchlaufzeit der Anfrage-/Angebotsabwicklung an der gesamten Auftragsdurchlaufzeit (11 %).

- Angebotsprozeßanalysen beim Industriepartner ergaben u.a. eine mittlere Durchlaufzeit von 55 Tagen, wobei der Anteil der wertschöpfenden Bearbeitung nur etwa 3-7 % beträgt (Abschnitt 5.1.2.2). Die verbleibende Zeit teilt sich auf in Transport- und Liege- bzw. Wartezeiten der durchlaufenden Dokumente.

Der kundenindividuelle Angebotsprozeß bietet also ein gutes "Experimentierfeld" für den Einsatz neuer Dokumenten- und Workflow-Technologien, zum einen wegen seiner günstigen strukturellen Eigenschaften und zum anderen aufgrund seiner hohen Relevanz innerhalb des Kundenbedienzyklus.

4.2 Informationsquellen und Modellsichten

4.2.1 Informationsquellen

Das Referenzmodell für den kundenwunschorientierten Angebotsprozeß soll einerseits abstrahieren, um eine breite Übertragbarkeit zu gewährleisten. Andererseits hat es den Ablauf zu konkretisieren, so daß der zur Anpassung an unternehmensspezifische Gegebenheiten verbundene Aufwand möglichst gering bleibt. Dieses Spannungsfeld wurde "entschärft", indem das Referenzmodell sowohl durch Spezialisierung eher allgemein formulierter Informationsquellen als auch durch Generalisierung unternehmensindividueller Angebotsprozesse entstand.

Eine Informationsgrundlage für das Referenzmodell des Angebotsprozesses sind die Darstellungen der "Integrierten Informationsverarbeitung" von Mertens bzw. Mertens und Griese

[Mert95; MeGr93], deren Funktionen und Anwendungssysteme sich zu großen Teilen im Modell wiederfinden. Die zugrundegelegten Dokumente entstammen weiterhin den Modellierungsanalysen für Büro-Informationssysteme von Schmidt [Schm92, insbesondere S. 165 ff.]. Ferner fließen die Matrizen aus [Jezu93, S. 11 ff. und S. 4 ff. des Anhangs] ein, die Abhängigkeiten zwischen Dokumenten und formatierten Datenbeständen in den kundennahen Geschäftsprozessen aufzeigen. Speziell auf die Angebotsabwicklung abzielende Arbeiten [Hüsc92, S. 194 ff.; VDI91, S. 7 und 13 ff.] sind ebenfalls berücksichtigt. Schließlich gehen die Ergebnisse aus der Analyse der Anfrage-/Angebotsabwicklung beim Industriepartner (vgl. Abschnitt 5.1.2) sowie der Arbeitssitzungen des VDMA-Arbeitskreises "Dokumenten- und Workflow-Management in der Industrie" mit ein.

4.2.2 Modellsichten

Das Referenzmodell besteht aus einem Funktions- sowie einem darauf basierenden Prozeßmodell. Ersteres stellt auf der Grundlage der extrahierten Geschäftsprozesse (vgl. Kapitel 4.1.1) die Hauptfunktionen der Anfrage-/Angebotsabwicklung dar und verfeinert sie sukzessive (Abschnitt 4.3.1). Ziel hinsichtlich des Verfeinerungsgrades war es, jeder Elementarfunktion einen Verbund an wertschöpfenden IV-Schritten je betrachtetem Informationsobjekt zuzuweisen. Als Beispiel läßt sich die Funktion "Einzelteile vorkalkulieren", genauer das Erzeugen bzw. Einbinden von Einzelteil-Stammdaten (Teilenummer, -bezeichnung usw.) und -Vorkalkulationsdaten (Fertigungslohn-, Material-, Maschinenkosten usw.) in das Einzelteilkalkulationsformular, anführen.

Die durchgängige IV-Unterstützung der Anfrage-/Angebotsabwicklung mit Hilfe von DMS/WMS als Werkzeuge zur Integration von Programmsystemen der Daten- und Dokumentenverarbeitung ist Schwerpunkt des Prozeßmodells (Abschnitt 4.3.2). Nach einem Überblick der beteiligten IV-Instanzen (Anwendungssysteme, E-Dokumente, formatierte Daten) werden diese mit Hilfe der HIPO-Darstellung (Hierarchy of Input-Process-Output [z.B. Balz90]) den Funktionen der dritten bzw. vierten Verfeinerungsstufe zugeordnet[5].

Besonderer Wert wurde darauf gelegt, Programme anzugeben, die i.d.R. in Industriebetrieben zum Einsatz kommen (z.B. CAD-Systeme, PPS-Systeme), um die Praxisnähe zu gewährleisten. Ebenso verhält es sich mit den formatierten Daten und Dokumentbeständen. Wertvollen Input gaben hier die Sitzungen des o.g. VDMA-Arbeitskreises. Darauf aufbauend finden sich auch einige neuartige, zum heutigen Zeitpunkt noch nicht stark verbreitete Anwendungssysteme (z.B. eine Know-how-Datenbank) im Modell, die mit Hilfe der DMS/WMS-Technologie sukzessive an ausgewählten Stellen in den Workflow "eingeklinkt" werden können.

---

[5] Ein auf die IV-Unterstützung noch detaillierter eingehendes Prozeßmodell ist in [MoRa94, S. 37 ff.] zu finden. Es enthält zusätzlich Dokumentklassifikationen, Attribute der Relationen sowie Schnittstellenmechanismen.

4.3 Referenzmodell

4.3.1 Funktionsmodell

Man unterscheidet zunächst die Anfrage- von der Angebotsabwicklung (Abbildung 4.3.1/1). Erstere umfaßt alle Funktionen, die sich zeitlich bis zur Entscheidung, ob ein individuelles Angebot erstellt wird oder nicht, erstrecken. Letztere beschreibt Aktivitäten, die zwischen der positiven Entscheidung und der Angebotsabgabe an den Kunden liegen.

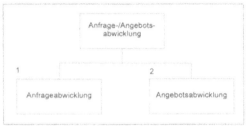

Abb. 4.3.1/1: Funktionsmodell "Anfrage-/Angebotsabwicklung"

Wie Abbildung 4.3.1/2 zeigt, teilt sich die Anfrageabwicklung in fünf Aufgabenkomplexe auf. Ergebnisse der Funktion "Anfrage erfassen" sind die Kundenanfrage spezifizierende Daten und Dokumente. Sie bilden die Basis für die weiteren Funktionen "Angebotsentscheidung vorbereiten (technisch)" und "Angebotsentscheidung vorbereiten (kaufmännisch)". Diese wiederum liefern die Entscheidungsgrundlage für die Annahme bzw. Ablehnung der Kundenanfrage (Funktion "Annahmeentscheidung treffen"). Innerhalb des fünften Bereichs "Anfrage abschließen" sind die Kundenanfragen zu archivieren und nach verschiedenen Analysegesichtspunkten auszuwerten, um Managementinformationen zu extrahieren.

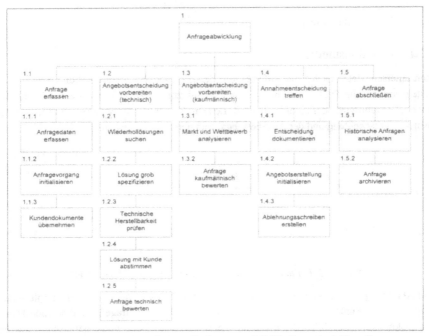

Abb. 4.3.1/2: Detailliertes Funktionsmodell "Anfrageabwicklung"

Abbildung 4.3.1/3 enthält die wichtigsten Funktionen der Angebotsabwicklung. Den technisch orientierten Teil repräsentieren die beiden Teilfunktionen "Angebot anwendungstechnisch bearbeiten" und "Angebot produktionstechnisch bearbeiten" (Abbildung 4.3.1/4). Der erste Funktionsbereich beschreibt alle Aktivitäten zur konstruktionstechnischen Bearbeitung der Anfrage. Wichtigste Ergebnisse sind die Angebotszeichnung und der Stücklistenvorschlag. Dagegen weist die Funktion 2.2 fertigungstechnische Inhalte auf. Hier gilt es u.a., über Zukaufteile zu entscheiden und Arbeitspläne zu erzeugen.

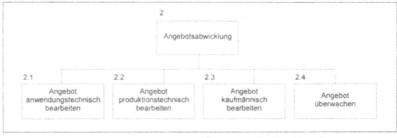

Abb. 4.3.1/3: Funktionsmodell "Angebotsabwicklung"

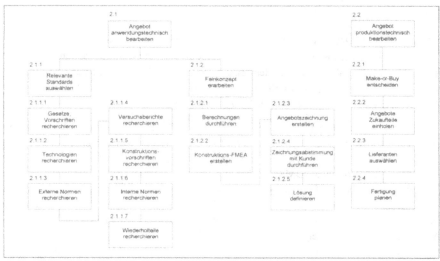

Abb. 4.3.1/4: Detailliertes Funktionsmodell "Technische Angebotsabwicklung"

Neben diesen technischen Bereichen stehen die vorwiegend betriebswirtschaftlichen Funktionen "Angebot kaufmännisch bearbeiten" und "Angebot überwachen" (Abbildung 4.3.1/5). Wichtigste Inhalte dieses Teils sind Vorkalkulation, Preis- und Lieferterminbestimmung, Erstellung des Angebotsschreibens sowie Wiedervorlage des Angebots.

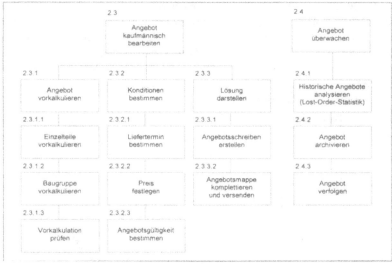

Abb. 4.3.1/5: Detailliertes Funktionsmodell "Kaufmännische Angebotsabwicklung"

37

4.3.2 Prozeßmodell

Die in Tabelle 4.3.2/1 aufgelisteten Anwendungssysteme mit den verarbeiteten E-Dokumenten und formatierten Daten werden im Prozeßmodell den Elementarfunktionen zugeordnet. Eingeteilt sind die Systeme gemäß dem Zusammenspiel der IV-Komponenten in einem integrierten DMS/WMS (vgl. Abschnitt 2.4.3). Die Spalte "formatierte Daten" enthält nur die Prozeß- und Stammdaten, nicht jedoch die Indexdaten des DMS.

Die aus der Literaturrecherche und den Sitzungen des VDMA-Arbeitskreises "Dokumenten- und Workflow-Management in der Industrie" als elementar hervorgegangenen Archivdokumente werden im Prozeßmodell für die Verwaltung in einem DMS vorgeschlagen. Es handelt sich entweder um originäre DMS-Archive (z.B. Internes Normenarchiv, Kundenzeichnungsarchiv) oder um über das DMS integrierte Systeme der Dokumentenverarbeitung (vgl. Kapitel 2.3.2). Das Modell geht davon aus, CAD-Zeichnungen außer im CAD-System zusätzlich in einer DMS-Anwendung, dem Zeichnungsarchiv, zu verwalten. Dieser Lösung ist i.d.R. der Vorzug zu geben, da sie gegenüber einer Einbindung des CAD-Systems als Anzeigemodul im DMS mit geringerem Realisierungsaufwand verbunden ist und da CAD-Dokumente nach der Freigabe als Archivdokumente zu betrachten sind.

Das WMS benutzt bis zur Annahmeentscheidung die Anfrageprozeßdaten mit der vom DMS verwalteten korrespondierenden Durchlaufmappe, im Falle eines positiven Entschlusses die Angebotsdatenbank sowie die Angebotsabwicklungsmappe. Abhängig von der WMS-Architektur läßt sich auch eine Durchlaufmappe für beide Teilprozesse verwenden.

Für die Abbildung in einem FMS schlägt das Referenzmodell die "Standardformulare" (Angebotsspezifikation, Kalkulationsformulare, Stücklistenformulare) vor, so wie sie gemeinhin in der industriellen kundenwunschorientierten Anfrage-/Angebotsabwicklung vorkommen. Im Idealfall hat das FMS direkten Zugriff auf die Prozeß- und Stammdaten (vgl. Kapitel 2.3.1.2). So werden z.B. die Felder des Formulars "Angebotsspezifikation" in der Anfrage- bzw. Angebotsdatenbank gespeichert. Die einzelnen, durch das FMS verwalteten E-Formulare sind nicht als separate Anwendungen aufgeführt.

Anwendungssysteme		E-Dokumente	Formatierte Daten
BSTD	Bestelldisposition		Lieferanten Teile
CAD	Computer-Aided Design	CAD-Zeichnungen	Teile Erzeugnisstrukturen
CAS	Computer-Aided Selling	Außendienstberichte Lastenhefte	Anfragen Angebote Kunden
DMS	Dokumenten-Management-System	Anfrageabwicklungsmappe Angebotsabwicklungsmappe etc.	

Anwendungssysteme		E-Dokumente	Formatierte Daten
DTER	Durchlaufterminierung (PPS)		Teile Erzeugnisstrukturen Arbeitspläne
EDB	Engineering Database		Teile Erzeugnisstrukturen Arbeitspläne
EIS	Executive Information System		diverse
ENOA	Externes Normenarchiv (DMS)	Externe Normen	
EPK	Elektronischer Produktkatalog (DMS)	Teilezeichnungen (Fertigerzeugnisse des Standardprogramms)	Teile (Fertigerzeugnisse des Standardprogramms)
EXDB	Externe Datenbanken bzw. Dokumentenarchive	Vorschriften Technologien	
FMPR	FMEA-Programm	Konstruktions-FMEA	diverse
FMS	Formular-Management-System	Angebotsspezifikation Einzelteilkalkulationsblatt Baugruppenkalkulationsblatt Stücklistenvorschlag	diverse
IDV	Individuelle Datenverarbeitung (Textverarbeitung, Tabellenkalkulation etc.)	Texte Spreadsheets etc.	diverse
INOA	Internes Normenarchiv (DMS)	Interne Normen	
KALK	Kalkulationsprogramme (PPS)		Teile Erzeugnisstrukturen Arbeitspläne
KANA	Kundenanfragenarchiv (DMS)	Kundenanfragen	
KHDB	Know-how-Datenbank (DMS)	Anwendungslösungen	
KNOA	Kundennormenarchiv (DMS)	Kundennormen	
KVOA	Konstruktionsvorschriftenarchiv (DMS)	Konstruktionsvorschriften	
KZEA	Kundenzeichnungsarchiv (DMS)	Kundenzeichnungen	
LANA	Lieferantenangebotsarchiv (DMS)	Lieferantenangebote	
PRBS	Preisbildungssystem		Teile Kunden Anfragen Angebote Aufträge
TBER	Technische Berechnungsprogramme		Teile
VBRA	Versuchsberichtsarchiv (DMS)	Versuchsberichte	

Anwendungssysteme		E-Dokumente	Formatierte Daten
WMS	Workflow-Management-System	Anfrageabwicklungsmappe Angebotsabwicklungsmappe	Anfragen Angebote
ZEIA	(Technisches) Zeichnungsarchiv (DMS)	(Technische) Zeichnungen	

Tab. 4.3.2/1: Anwendungssysteme und Informationsbestände des Referenzmodells

Das Prozeßmodell orientiert sich an den Funktionen der dritten bis vierten Ebene, indem die Numerierungen und Bezeichnungen der Teilfunktionen übernommen werden. Abbildung 4.3.2/2 zeigt den Aufbau der Prozeßmodell-Graphiken.

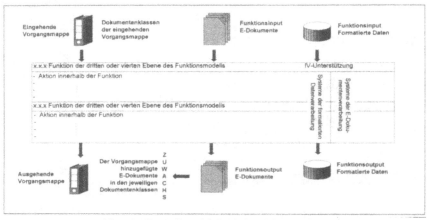

Abb. 4.3.2/2: Aufbau der Prozeßmodell-Graphiken

Innerhalb der Funktionen werden die elementaren Aktionen bzw. Verarbeitungsprozesse genannt und die jeweiligen unterstützenden Systeme der Daten- (linke Spalte unter "IV-Unterstützung") und Dokumentenverarbeitung (rechte Spalte unter "IV-Unterstützung") aufgeführt. Am oberen Rand der HIPO-Diagramme befindet sich der Eingabebereich mit dem gesamten Funktionsinput in Form der eingehenden Vorgangsmappe sowie der benötigten E-Dokumente bzw. formatierten Daten. Der untere Teil enthält den Funktionsoutput, der zum einen aus recherchierten, erzeugten und geänderten E-Dokumenten (Mitte), zum anderen aus neuen/geänderten Stammdaten bzw. fortgeschriebenen Prozeßdaten (rechts) besteht[6]. Am linken unteren Rand ist zusätzlich der Dokumentenzuwachs der Durchlaufmappe mit der jeweiligen Klasse (z.B. Außendienstdokumente) angegeben. Bei dieser Klasse handelt es sich um eine logische, geschäftsprozeßbezogene Gruppierung der Vorgangsmappendokumente. Die Input- und Outputelemente der Graphiken werden in der folgenden Darstellung des Referenz-

---

[6] Die Begriffe "Dokument" und "E-Dokument" sowie "Formular" und "E-Formular" werden im Rahmen des Prozeßmodells und der nachfolgenden Kapitel synonym verwendet.

modells nur bei Bedarf erläutert. Das automatische Weiterleiten der Durchlaufmappe durch das WMS wird ebenfalls nicht explizit erwähnt.

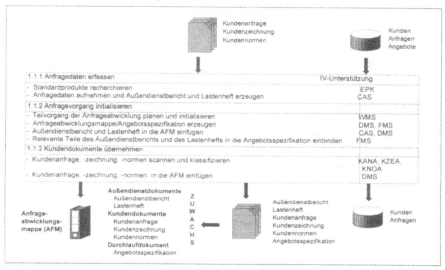

Abb. 4.3.2/3: Funktion 1.1 "Anfrage erfassen"

Eingabe für die beiden in der Abbildung 4.3.2/3 dargestellten Funktionen "Anfragedaten erfassen" und "Kundendokumente übernehmen" sind papiergestützte Kundendokumente, wie z.B. Kundenanfrage, -zeichnung und -normen. Weitere Inputkategorien bilden die formatierten Datenbestände in Form von Kunden-, Anfrage- und Angebotsdatenbanken. Diese ermöglichen einen Abgleich, um die Konsistenz zu sichern und um relevante Kundendaten bzw. ähnliche historische Anfrage- oder Angebotsdaten in den Außendienstbericht einbinden zu können.

Der Mitarbeiter im Vertriebsaußendienst recherchiert zunächst im Elektronischen Produktkatalog (EPK), ob die Kundenanfrage durch ein Standardlager befriedigt werden kann. In diesem Fall läßt sich das Angebot sofort erstellen, und das WMS wird nicht eingeschaltet. Ist eine Sonderanfertigung nötig, so sind zunächst mit Hilfe von CAS-Systemen die Anfragedaten zu erfassen und die Außendienstdokumente (Außendienstbericht und Lastenheft) zu erzeugen.

Nach dem Kundenbesuch wird der Teilvorgang der Anfrageabwicklung mit Hilfe des WMS geplant und initialisiert. Die Planung richtet sich nach dem vom Kunden gewünschten Angebotstermin. Weiterhin sind eine elektronische Anfrageabwicklungsmappe (AFM) sowie ein E-Dokument "Angebotsspezifikation" zu generieren. Dieses den ganzen Prozeß begleitende und die wichtigsten Resultate der Teilfunktionen aufnehmende Durchlaufformular wird vom FMS verwaltet. Das DMS ist zuständig für die Anfrageabwicklungsmappe, die zunächst die

41

Außendienstdokumente enthält. Die wichtigsten Anfrageinformationen werden zusätzlich in die Angebotsspezifikation eingebunden.

Durch Scannen[7] und Klassifizieren generiert man E-Dokumente aus den Kundenunterlagen. Kundenanfrage, -zeichnung und -normen werden den jeweiligen DMS-Archiven zugeordnet (Kundenanfragenarchiv KANA, Kundenzeichnungsarchiv KZEA, Kundennormenarchiv KNOA) und gehen durch entsprechende Verweise logisch in die Anfrageabwicklungsmappe ein.

Auf der Outputseite findet man neben den generierten E-Dokumenten, die auch dem Zuwachs der Anfrageabwicklungsmappe entsprechen, die Kunden- und Anfragedatenbank, da formatierte Daten neu angelegt (z.B. Anfragedaten) bzw. fallweise fortgeschrieben werden (z.B. Kundendaten). Die Vorgangsmappe wird anschließend parallel in die entsprechenden Abteilungen zur technischen (Abbildung 4.3.2/4) und kaufmännischen Vorbereitung (Abbildung 4.3.2/5) der Angebotsentscheidung weitergeleitet.

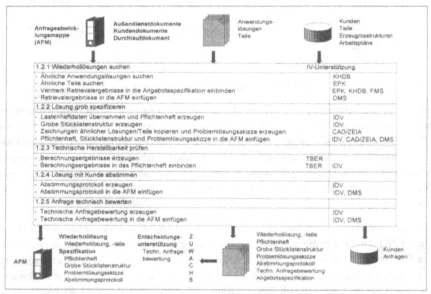

Abb. 4.3.2/4: Funktion 1.2 "Angebotsentscheidung vorbereiten (technisch)"

Abbildung 4.3.2/4 illustriert den Daten- bzw. Dokumentenfluß innerhalb der Funktion "Angebotsentscheidung vorbereiten (technisch)". Als Eingabe stehen alle von der vorausgehenden Funktion "Anfrage erfassen" bereitgestellten Informationen sowie E-Dokumente ähn-

---

[7]Abstrahiert wird an dieser Stelle von einem umfassenden, zwischenbetrieblich integrierten elektronischen Dokumentenaustausch.

licher Anwendungslösungen zur Verfügung. Daneben fließen als formatierte Daten die Datenbankrelationen Kunden, Teile, Erzeugnisstrukturen sowie Arbeitspläne ein.

Zuerst sind Wiederhollösungen, d.h. ähnliche Anwendungslösungen und/oder Teile, zu recherchieren. Deskriptoren sind sog. Anwendungs- bzw. Teilesachmerkmalleisten, die innerhalb der Programme Know-how-Datenbank (KHDB) und EPK als Zugriffsschlüssel dienen. Die Retrievalergebnisse (Anwendungslösung aus der Know-how-Datenbank sowie Wiederholstandardteile aus dem EPK) werden mit Hilfe des FMS als Vermerk in das Durchlaufdokument Angebotsspezifikation eingebunden und schließlich in die Dokumentenmappe eingefügt.

Im Rahmen der Aktivität "Lösung grob spezifizieren" entsteht zunächst auf Basis des Lastenheftes und evtl. gefundener ähnlicher Lösungen bzw. Teile ein erster Entwurf des Pflichtenheftes. Weiterhin wird eine grobe Stücklistenstruktur der gesamten Problemlösung angegeben. Unterstützung bieten Anwendungen der Individuellen Datenverarbeitung (IDV) in Form von Textverarbeitungs- oder Tabellenkalkulationssystemen. Graphisch dokumentiert werden die Ergebnisse der Grobspezifikation durch eine mit CAD erstellte erste Problemlösungsskizze, in die bereits bestehende Zeichnungen einfließen können. Das DMS fügt die neu erzeugten Dokumente über Schnittstellen zum CAD-System bzw. Zeichnungsarchiv (ZEIA) und zur IDV in die Dokumentenmappe ein.

Um die Grobspezifikation zu verifizieren, prüft man die technische Herstellbarkeit durch verschiedene Berechnungen (z.B. Tragzahl eines Lagers). Hier kommen i.d.R. technische Berechnungsprogramme (TBER) zum Einsatz, deren Ergebnisse in das Pflichtenheft eingebunden werden.

Das Abstimmen der Lösung mit dem Kunden kann - wie die beiden vorhergehenden Funktionen - repetitiv erfolgen. Ein mit Hilfe der IDV erzeugtes Abstimmungsprotokoll dokumentiert die Abstimmungsvorgänge und ist in die Vorgangsmappe einzufügen.

Die technische Angebotsentscheidungsvorbereitung findet ihren Abschluß in der Anfragebewertung. Dazu geben die Ingenieure eine knapp formulierte Beurteilung ab, die neben anderen Dokumenten Eingang in die Entscheidungsgrundlage für die Annahme bzw. Ablehnung der Kundenanfrage findet. Die Bewertung sollte - soweit zu diesem Zeitpunkt schon möglich - aus konstruktionstechnischer (z.B. Entwicklungsaufwand), fertigungstechnischer (z.B. Auslastung der Fertigung) und produktionslogistischer Sicht (z.B. Zahl der Fertigungsorte) gegeben werden.

Das Diagramm in Abbildung 4.3.2/5 hat das Vorbereiten der Angebotsentscheidung aus kaufmännischer Sicht zum Inhalt. Die Funktion "Markt und Wettbewerb analysieren" erzeugt mit Hilfe der IDV eine Markt-/Wettbewerberübersicht, die in die Dokumentenmappe eingefügt und in stark verdichteter Form auch im E-Formular "Angebotsspezifikation" festgehalten wird.

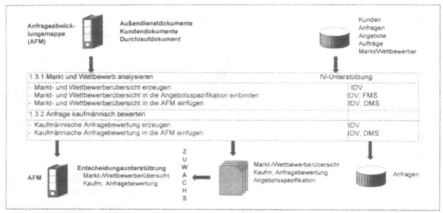

Abb. 4.3.2/5: Funktion 1.3 "Angebotsentscheidung vorbereiten (kaufmännisch)"

Korrespondierend zur technischen ist auch eine Anfragebewertung aus kaufmännischer Sicht zu erzeugen. Hier steht eine Beurteilung des Kundendeckungsbeitrages im Vordergrund. Darüber hinaus gilt es, die Bonität zu prüfen und Informationen über jene Interessenten bereitzustellen, die öfter angefragt und Angebote erhalten, aber keine Aufträge erteilt haben. Als Informationsquelle dienen neben dem Kundenstamm auch die historischen Anfragen, Angebote und Aufträge sowie Markt- und Wettbewerberdaten.

Abb. 4.3.2/6: Funktion 1.4 "Annahmeentscheidung treffen"

Die Graphik in Abbildung 4.3.2/6 verdeutlicht die Funktion der Annahmeentscheidung, die nach der parallelen technischen und kaufmännischen Anfragebewertung ansteht. I.d.R. fällt die Entscheidung für bzw. gegen die Angebotserstellung auf Basis der erarbeiteten technischen bzw. kaufmännischen Anfragebewertung. Sie wird anschließend im Formular "Angebotsspezifikation" dokumentiert.

Im Falle der Annahme ist mit dem WMS der Teilvorgang der Angebotserstellung zu planen. Außerdem generiert das System aus der Anfrage- eine Angebotsabwicklungsmappe (AGM), die alle Dokumente der Anfrageabwicklungsmappe übernimmt. Die neuen Stammdaten (Angebotszeichnungs-, Teilenummer) sind anzulegen und in der Angebotsspezifikation festzuhalten. Systemunterstützung bieten sowohl die Engineering Database (EDB, ein Auskunfts- und Änderungssystem für Teile, Erzeugnisstrukturen und Arbeitspläne), das CAD-System wie auch das Zeichnungsarchiv.

Falls die Kundenanfrage abgelehnt wird, muß vom Vertrieb ein entsprechendes Schreiben formuliert, in die Anfrageabwicklungsmappe eingebunden und an den Kunden versandt werden.

Abb. 4.3.2/7: Funktion 1.5 "Anfrage abschließen"

Unabhängig von der Entscheidung für die Annahme/Ablehnung ist der Anfragevorgang auszuwerten und zu archivieren (Abbildung 4.3.2/7). Man analysiert historische Anfragen mit Hilfe eines Executive Information Systems (EIS) bzw. der im WMS integrierten Auswertungsfunktionen, um Managementinformationen zu extrahieren und weiterzuleiten. So gelangen die Entscheider z.B. zu Informationen für mögliche Sortimentserweiterungen. Schließlich archiviert das DMS die Anfrageabwicklungsmappe mit den darin enthaltenen E-Dokumenten auf optischen Datenträgern. Dazu bestätigt bzw. selektiert der Benutzer vom System während der Anfrageabwicklung in der Anfragedatenbank zwischengespeicherte Deskriptoren, wie z.B. die Anfrage- und Kundennummer oder relevante Termini der Teile- und Anwendungssachmerkmalleiste.

	IV-Unterstützung
2.1.1.1 Gesetze, Vorschriften recherchieren	
- Retrieval relevanter Gesetze, Vorschriften/Einfügen in die AGM	EXDB, DMS
2.1.1.2 Technologien recherchieren	
- Retrieval relevanter Technologien/Einfügen in die AGM	EXDB, DMS
2.1.1.3 Externe Normen recherchieren	
- Retrieval relevanter externer Normen/Einfügen in die AGM	ENOA, DMS
2.1.1.4 Versuchsberichte recherchieren	
- Retrieval relevanter Versuchsberichte/Einfügen in die AGM	VBRA, DMS
2.1.1.5 Konstruktionsvorschriften recherchieren	
- Retrieval relevanter Konstruktionsvorschriften/Einfügen in die AGM	KVOA, DMS
2.1.1.6 Interne Normen recherchieren	
- Retrieval relevanter interner Normen/Einfügen in die AGM	INOA, DMS
2.1.1.7 Wiederholteile recherchieren	
- Retrieval relevanter Wiederholteile/Einfügen in die AGM	EDB DMS

Abb. 4.3.2/8: Funktion 2.1.1 "Relevante Standards auswählen"

Die Funktion "Angebot anwendungstechnisch bearbeiten" beinhaltet zunächst die Auswahl relevanter Standards (Abbildung 4.3.2/8). Unter dem Begriff Standards werden im weiteren Sinne alle Informationsträger subsumiert, die normende, typisierende und/oder standardisierende Elemente mit Bezug auf die Problemlösung enthalten. In "absteigender" Reihenfolge (vom Allgemeinen zum Speziellen) sind dies: Externe Gesetzestexte/Vorschriften (z.B. Umweltgesetze), Technologie-Know-how (z.B. Werkstoffinformationen), externe Normen (z.B. DIN), Versuchsberichte, Konstruktionsvorschriften, interne Normen sowie Wiederholteile. Nach dem Retrieval sind diese Standards dem Eignungsgrad entsprechend in die Dokumentenmappe einzufügen. Basis hierfür sind verschiedene DMS-Archive (Externe Normen ENOA, Versuchsberichte VBRA, Konstruktionsvorschriften KVOA, Interne Normen INOA), die Engineering Database sowie externe Informationsquellen (EXDB - Gesetze, Patente, Werkstoffe, Technologien). Die Deskriptoren für die Recherchen lassen sich aus den bisher in der Anfrageabwicklungsmappe befindlichen Dokumenten sowie u.U. aus Erzeugnisstrukturen, Teile- und Kundenstammdaten sowie Arbeitsplänen gewinnen. Die relevanten Informationen werden als E-Dokumente in die Durchlaufmappe eingebunden, bevor das WMS den Vorgang zur nächsten Aktivität weiterleitet.

Kernfunktion der Angebotsabwicklung ist das Erarbeiten des Feinkonzepts (Abbildung 4.3.2/9) mit der ersten Teilfunktion "Berechnungen durchführen". Die während der Grobspezifikation erstellten Berechnungsergebnisse sind zu übernehmen, auf Basis neuerer Anforderungen zu überprüfen und in das Pflichtenheft einzubinden. Systemunterstützung wird hier in

Form von individuellen technischen Berechnungsprogrammen (TBER) in Anspruch genommen.

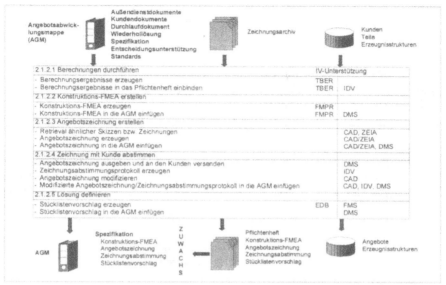

Abb. 4.3.2/9: Funktion 2.1.2 "Feinkonzept erarbeiten"

Der nächste Schritt dient der Qualitätssicherung in der Konstruktionsphase. Die Konstruktions-FMEA (Failure Mode and Effects Analysis) "stellt eine systematische Zusammenfassung der Gedankengänge dar, die ein qualitätsbewußter Konstrukteur durchläuft, wenn er sich vorstellt, welche Fehler auftreten und welche Konsequenzen sie haben können" [Mert95, S. 42]. IV-Unterstützung leistet hier Individual-Software (FMPR), die umfangreiche Checklisten zur Verfügung stellt und die FMEA-Ergebnisse ausgibt. Neben den Stammdaten (Kunden- und Teilenummer, -name usw.) kann der FMEA-Output folgende Einträge enthalten: Potentielle Fehler, Fehlersymptome, mögliche Fehlerursachen mit Kontrollmaßnahmen, Bedeutung der Folgen eines Fehlers für den Kunden, Wahrscheinlichkeiten für das Auftreten der potentiellen Fehlerursachen und für die Entdeckung vor dem Ausliefern. Die letzten drei Kriterien sind vom Konstrukteur z.B. auf einer Skala von 1 bis 10 zu bewerten. Das System errechnet daraus eine Risiko-Prioritätszahl RPN (**R**isk **P**riority **N**umber). Diese Kennzahl kann bei Überschreiten einer bestimmten Schwelle Ausgangspunkt für einen (geschäftsprozeßübergreifenden) Workflow sein, der betroffene Instanzen "einschaltet" (z.B. Forschung und Produktentwicklung), um Gegenmaßnahmen einzuleiten. Die Ergebnisse der Konstruktions-FMEA werden in einem gleichnamigen Dokument festgehalten, in die Vorgangsmappe eingefügt und in besonderen Fällen zu einem späteren Zeitpunkt als Teil der Angebotsunterlagen an den Kunden weitergegeben.

Die Angebotszeichnung für den Kunden wird mit dem CAD-System aufbauend auf der bereits vorhandenen Problemlösungsskizze bzw. ähnlichen Zeichnungen erstellt und über eine Schnittstelle zwischen CAD und DMS in der Dokumentenmappe archiviert. Beim Retrieval von ähnlichen Zeichnungen oder Skizzen kann sich der Konstrukteur auch des Zeichnungsarchivs bedienen.

Gewöhnlich erfolgt dann - evtl. mehrfach - ein Abstimmungsvorgang mit dem Kunden. Zunächst ist die Angebotszeichnung, z.b. über eine Fax-Schnittstelle des DMS, an den Kunden zu versenden. Seine Änderungswünsche werden in einem Zeichnungsabstimmungsprotokoll festgehalten, die Zeichnung entsprechend modifiziert und schließlich in die Angebotsabwicklungsmappe reintegriert.

Im Rahmen der sich anschließenden Teilfunktion "Lösung definieren" wird auf Basis der groben Stücklistenstruktur mit Hilfe des FMS ein konkreter Stücklistenvorschlag erzeugt, der neben Teilebezeichnungen und -nummern vor allem technische Einzelteilinformationen (Abmessungen, Gewicht usw.) enthält. Die Stückliste ist als formatierter Datensatz mit Hilfe der Engineering Database in die Stammdatenrelation Erzeugnisstrukturen zu schreiben.

In der Ausgabeleiste (Abbildung 4.3.2/9 unten) finden sich sowohl die erzeugten bzw. modifizierten E-Dokumente Pflichtenheft, Konstruktions-FMEA, Angebotszeichnung, Zeichnungsabstimmungsprotokoll und Stücklistenvorschlag als auch die fortgeschriebenen bzw. erweiterten Datenbankrelationen Angebote und Erzeugnisstrukturen.

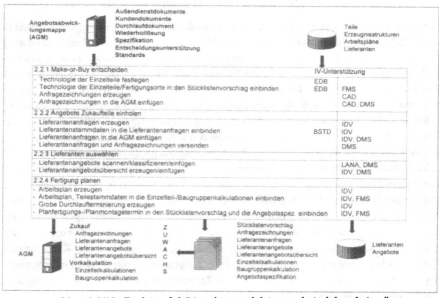

Abb. 4.3.2/10: Funktion 2.2 "Angebot produktionstechnisch bearbeiten"

Im Anschluß an die anwendungstechnische folgt die produktionstechnische Bearbeitung des Angebots (Abbildung 4.3.2/10). Zunächst muß über Eigenfertigung oder Fremdbezug (Make-or-Buy) entschieden werden. Dazu ist die Technologie der Einzelteile z.b. anhand der Engineering Database festzulegen und zusammen mit den Fertigungsorten via FMS im Stücklistenvorschlag einzutragen. Für alle Fremdbezugsteile wird eine Anfragezeichnung erstellt und in die Angebotsmappe eingebunden.

Der Einkauf ergänzt die Anfragezeichnung um ein mit der IDV erzeugtes Lieferantenanfrageschreiben. Es beinhaltet die Zukaufteile, die Problemstellung und Einbauumgebung sowie das Mengengerüst, den Liefertermin usw. Durch eine Schnittstelle zum Bestelldispositionssystem (BSTD) lassen sich Lieferantenstammdaten integrieren. Die Anfragen sind durch zwischenbetriebliche Integration (z.B. via Fax-Server) oder auf dem konventionellen Postweg zu versenden.

Die Funktion "Lieferanten auswählen" bedient sich der folgenden Schritte: Eingehende Lieferantenangebote werden für den Fall, daß sie auf Papier vorliegen, zunächst gescannt. Weiterhin sind sie zu klassifizieren und dem Lieferantenangebotsarchiv (LANA) zuzuordnen. Auf Basis der eingehenden E-Dokumente wird eine Angebotsübersicht erstellt, die den günstigsten Lieferanten zeigt.

Der letzte Schritt dieses Funktionsblocks betrifft die Planung der Fertigung. Es gilt, soweit noch nicht vorhanden, den Arbeitsplan zu erstellen und diesen - zur Vorbereitung der Vorkalkulation - zusammen mit den Teilestammdaten in die Kalkulationsformulare für Einzelteile bzw. Baugruppen einzubinden. Die Fertigungsschritte sind unter Berücksichtigung der Liefertermine für Zukaufteile grob durchzuterminieren, wobei meist Tabellenkalkulationsprogramme (IDV) mit speziell vorbereiteten Spreadsheets zum Einsatz kommen. Die aus der Durchlaufterminierung resultierenden Planfertigungs- bzw. -montagetermine fließen in den Stücklistenvorschlag bzw. in die Angebotsspezifikation ein.

Der kaufmännische Teil der Angebotsabwicklung beginnt mit der Vorkalkulation der Einzelteile bzw. Baugruppen (Abbildung 4.3.2/11). Dazu werden beispielsweise vorbereitete Templates aus Tabellenkalkulationsprogrammen (IDV), in seltenen Fällen auch PPS-Kalkulationsprogramme (KALK) herangezogen. Dies ist davon abhängig, ob die relevanten Stammdaten (Baugruppe, Arbeitsplan usw.) im PPS-System schon vorhanden sind. Teile-, Erzeugnisstruktur- und Arbeitsplaninformationen dienen dazu, über gleiche bzw. ähnliche Datensätze die Teilekosten zu ermitteln. Die Angebotspreise für Zukaufteile vervollständigen zusammen mit den Montagekosten die Vorkalkulation, die in die Baugruppenkalkulation mündet. Das Kostenschema wird schließlich in das E-Formular "Angebotsspezifikation" sowie in die Angebotsdatenbank übertragen.

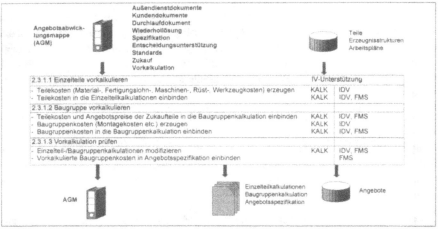

Abb. 4.3.2/11: Funktion 2.3.1 "Angebot vorkalkulieren"

Zentrale Funktion innerhalb der kaufmännischen Angebotsbearbeitung ist das Bestimmen der Konditionen (Abbildung 4.3.2/12). Der Vertrieb legt zunächst den Liefertermin fest. Dazu bedient er sich einerseits des Planfertigungs- bzw. -montagetermins auf dem Formular "Angebotsspezifikation". Andererseits werden auch das PPS-System bzw. dessen Komponenten Durchlaufterminierung und Werkstattsteuerung (DTER) aufgerufen. Letztere geben je nach Planungshorizont Anhaltspunkte für die Kapazitätsauslastung der näheren Zukunft und somit unter bestimmten Kapazitätsauslastungsprämissen auch für die voraussichtliche Durchlaufzeit des Planauftrags. Zu dieser Zeit sind schließlich noch die Planzeiten für Lieferfreigabe und Versandlogistik hinzuzufügen [Mert95, S. 216 ff.]. Der so errechnete geplante Liefertermin wird abschließend in die Angebotsspezifikation eingetragen.

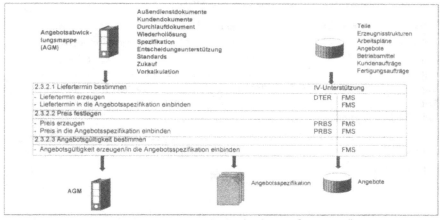

Abb. 4.3.2/12: Funktion 2.3.2 "Konditionen bestimmen"

Die Preisbildung ist ein ebenso wichtiges wie sensibles Instrument der Absatzpolitik in der Investitionsgüterindustrie [Scho92, S. 51 ff.]. Ihr wird innerhalb der Angebotsabwicklung besondere Aufmerksamkeit zuteil. IV-Unterstützung bieten hier verschiedenste Preisbildungssysteme (PRBS). Ein Vertreter dieser Kategorie sind sog. Preisbildungsexpertensysteme [Scho92, S. 84 ff.]. Sie stützen sich im Kern auf historische Datenbestände mit den Preisen vergleichbarer Angebote oder mit Aufträgen für den gleichen oder ähnliche Kunden. Jedoch werden sie meist nur flankierend eingesetzt, da die gefundenen Ähnlichkeitsmaße selten ausreichen. Im Regelfall nimmt man Bezug auf die Vorkalkulation. Im Rahmen einer Zuschlagskalkulation wird dann über einen bestimmten Gewinnanteil ein Preisvorschlag ermittelt, den man noch kunden- bzw. anfrageindividuell anpaßt. Die Angebotsspezifikation ist entsprechend um die Erlösschmälerungen sowie um den errechneten Preis zu ergänzen. Verfügt das WMS bereits über Controlling-Funktionalitäten, so z.B. die Online-Anzeige der aktuellen Angebotsprozeßkosten, so lassen sich diese ebenfalls bei der Preisbildung berücksichtigen [Meie95, S. 17 ff.].

Eine vergleichsweise einfache Aktivität ist das Festlegen und Einfügen der Angebotsgültigkeit. Wichtig ist dieses Datum für die Wiedervorlagefunktion des WMS bei der Angebotsüberwachung. Liefertermin, Preis und Angebotsgültigkeit werden als formatierte Daten auch in der Angebotsdatenbank festgehalten.

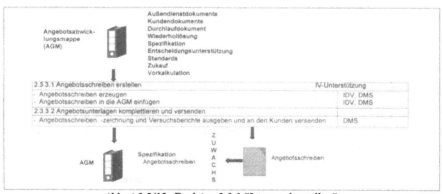

Abb. 4.3.2/13: Funktion 2.3.3 "Lösung darstellen"

Vorletzte Aktivität des kundenwunschorientierten Angebotsprozesses ist die Lösungsdarstellung, d.h. das Zusammenstellen der relevanten Angebotsunterlagen für den Kunden (Abbildung 4.3.2/13). In das mit IDV erstellte Angebotsschreiben lassen sich über Schnittstellen Indizes der Dokumentenmappe bzw. Felder der E-Formulare einbinden. Beispiele sind Kundendaten, die Anwendungslösung beschreibende Daten (Teilebezeichnung mit Abmessungen, Spezifika aus dem Pflichtenheft usw.) und Angebotskonditionen (Liefertermin, Preis, Rabatt, Zahlungsbedingungen, Angebotsgültigkeit etc.), die dem Durchlaufformular "Angebotsspezifikation" entnommen werden.

Die Angebotsmappe zu komplettieren bedeutet, die Angebotszeichnung und - bei speziellem Kundenwunsch - Versuchsberichte oder gar FMEA-Dokumente entweder separat hinzuzufügen oder direkt in das Angebotsschreiben einzubinden. Abschließend sind die Angebotsunterlagen auf elektronischem Weg oder konventionell an den Kunden zu versenden.

Aus den Angebotsdaten lassen sich über ein EIS oder direkt durch Controlling-Funktionen des WMS Managementinformationen, wie z.B. Angebotserfolgsquoten oder Lost-Order-Statistiken, extrahieren (Abbildung 4.3.2/14).

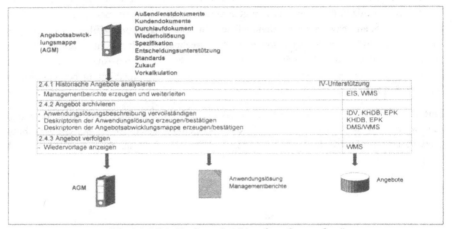

Abb. 4.3.2/14: Funktion 2.4 "Angebot überwachen"

Um bei künftigen Kundenanfragen oder -rückfragen Bezug auf bereits erarbeitete Problemlösungen nehmen zu können, empfiehlt es sich, die entsprechenden Teile des gerade fertiggestellten Angebots in die Know-how-Datenbank bzw. den EPK einfließen zu lassen. Die beiden Systeme sind dahingehend voneinander abzugrenzen, daß der EPK dann um "Produkte" erweitert wird, wenn diese in das Standardprogramm aufzunehmen sind. Im Gegensatz dazu hat eine Anwendungslösung der Know-how-Datenbank mehr den Charakter der Einmaligkeit, was aber nicht bedeutet, daß sich Lösungswege aus der Historie nicht auf gegenwärtige Kundenprobleme übertragen lassen. Die Teilfunktion "Angebot archivieren" beinhaltet auch das Klassifizieren und Archivieren der Angebotsabwicklungsmappe.

Am Ende der Anfrage-/Angebotsabwicklung gilt es, das an den Kunden abgegebene Angebot zu überwachen. Im Vordergrund steht dabei die Wiedervorlage der Angebotsabwicklungsmappe zu vorher bestimmten Zeitpunkten durch das WMS.

4.4 Zusammenfassende Beurteilung

Das Referenzmodell ist ein Leitfaden für eine umfassende IV-Unterstützung des kunden-wunschorientierten Angebotsprozesses mit Hilfe der DMS/WMS-Technologie. Das "Gerüst" des Modells bilden die Funktionen, Dokumente und formatierten Daten. Der Grund für die Konzentration auf diese Aspekte liegt darin, daß die Ist-Angebotsprozesse der am VDMA-Arbeitskreis "Dokumenten- und Workflow-Management in der Industrie" (vgl. Kapitel 4.2.1) beteiligten Unternehmen eine vergleichsweise große Schnittmenge dieser Sichten aufwiesen, etwa im Gegensatz zur Aufbauorganisation oder Aktivitätenreihenfolge.

Die Mitgliedsunternehmen des VDMA-Arbeitskreises haben das Referenzmodell aufgrund der Fokussierung auf die stabilen Prozeßsichten als gut übertragbar auf ihre individuellen Angebotsprozesse bewertet. Fast alle Unternehmen klagten über eine heterogene, nicht integrierte Systemlandschaft in Verbindung mit papiergestützter Dokumentenverarbeitung, so daß insbesondere die Idee der flexiblen Integration zahlreicher Anwendungssysteme der Daten- und Dokumentenverarbeitung durch das DMS/WMS Beachtung fand. Man kann so Aspekte aus der "idealen" IV-Unterstützung im Referenzmodell, etwa die Idee eines Zeichnungs- oder Normenarchivs bis hin zum Einsatz einer Know-how-Datenbank, sukzessive aufgreifen und realisieren.

Um die möglichst medienbruchfreie Verwendung solcher Referenzmodelle in DMS/WMS-Installationen zu gewährleisten, ist es notwendig, sie formal in Modellierungstools abzubilden. Anwender haben dann die Möglichkeit, ihren individuellen Prozeß auf Basis des Referenzablaufs zu modellieren und daraus direkt den entsprechenden Workflow-Code zu erhalten. Der vorgestellte Ablauf findet sich als Referenzprozeß in dem für DMS/WMS-Anwendungen spezialisierten Modellierungstool ODAN wieder [MoRa95, S. 109 ff.]. Dieses wiederum diente im Rahmen der Realisierung (Kapitel 5) als Vorlage, insbesondere bei der Modellierung der Aktivitäten mit Hilfe eines Workflow-Scripts sowie bei der Konzeption der DMS-Dokumentenfamilien.

5 Konzeption und Realisierung eines integrierten DMS/WMS im Angebotsprozeß eines Maschinenbauunternehmens

Dieses Kapitel beschreibt die Konzeption und Realisierung des Systems IDWM (Integriertes Dokumenten- und Workflow-Management - INA Herzogenaurach), das den Angebotsprozeß für Sonderlager bei der INA Wälzlager Schaeffler KG unterstützt. Zunächst wird die Ausgangssituation durch einige Unternehmensdaten und den konventionellen Angebotsprozeß skizziert. Abschnitt 5.2 beinhaltet das Rahmenkonzept von IDWM mit den generellen Anforderungen an das System, einigen Informationen zur Entwicklungsumgebung und einem Systemüberblick. Die Modellierung und Konfiguration des Workflows sowie die Bedienungssystematik von IDWM sind Inhalte der nächsten beiden Unterkapitel. Abschnitt 5.5 befaßt sich mit den beteiligten Anwendungssystemen und deren Integrationsmechanismen. Es folgt ein Beispiel-Workflow, von der Erfassung der Kundenanfrage bis hin zur Wiedervorlage des Angebotsvorgangs, um das Zusammenspiel der Komponenten von IDWM zu verdeutlichen. Das fünfte Kapitel schließt mit einigen zusammenfassenden Bemerkungen.

5.1 Ausgangssituation

5.1.1 Maschinenbauunternehmen

5.1.1.1 Unternehmensdaten

Die INA Wälzlager Schaeffler KG beliefert Kunden der Automobil- und Maschinenbaubranche im In- und Ausland mit einem breiten Spektrum an Wälzlagern. Außer im Hauptwerk in Herzogenaurach fertigt das Unternehmen weltweit an 22 weiteren Standorten. Ein Jahresumsatz von ca. 2 Mrd. DM wird von etwa 16.000 Mitarbeitern erbracht. Abbildung 5.1.1.1/1 zeigt einen Ausschnitt der Aufbauorganisation des Unternehmens.

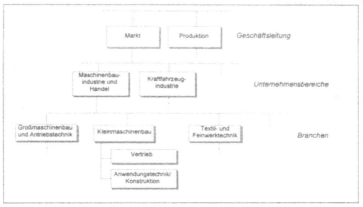

Abb. 5.1.1.1/1: Ausschnitt der Aufbauorganisation der INA Wälzlager Schaeffler KG

5.1.1.2 Produktspektrum und -bezeichnung

Neben standardisierten Wälzlagern - man spricht in diesem Fall von Katalog- oder auch Standardlagern - fertigt die INA Wälzlager Schaeffler KG sog. Sonderlager, die individuell auf Kundenwünsche ausgerichtet sind. Die Wälzlager werden in Baugruppen (z.B. Axialwälzlager, Linearführungen/Lineareinheiten, Gleitlager, Radialnadellager/Zylinderrollenlager) unterteilt, die jeweils mehrere Baureihen (z.B. Nadellager mit Käfig) umfassen. In jeder Baureihe finden sich schließlich die Produkte, die durch eine "INA-Nummer" klassifiziert werden. Sie setzt sich bei Standardlagern aus einem Vorsetzzeichen, das die Baureihe angibt (auch "Kurzbezeichnung" genannt), den Abmessungen und evtl. einem Nachsetzzeichen zusammen. So verbirgt sich hinter der INA-Nummer "RNAO 6/13/8 TN" beispielsweise ein Nadellager ohne Borde (RNAO) mit den Abmessungen 6 mm (Innendurchmesser), 13 mm (Außendurchmesser) und 8 mm (Länge) sowie einem Kunststoffkäfig (Nachsetzzeichen "TN"). Auch Sonderlagern ordnet man INA-Nummern zu. Diese sind jedoch keine sprechenden Bezeichnungen, sondern sog. "F-Nummern", wie z.B. "F-222094". Das Sonderlager "F-222094" wiederum besteht aus den Einzelteilen "F-222094-1" bis "F-222094-5".

In der Produktstammdatenbank der INA sind sowohl bei Standard- als auch bei Sonderlagern zusätzlich zur INA-Nummer die Kurzbezeichnung und die Abmessungen incl. Nachsetzzeichen separat abgelegt. Sofern ein Lager in Produktion geht, erhält es darüber hinaus eine eindeutige Artikelnummer.

5.1.2 Angebotsprozeß

5.1.2.1 Ablauf

Die Angaben zum Angebotsprozeß für Sonderlager sind auf die Maschinenbaubranche ausgerichtet, doch gelten sie mit kleineren Einschränkungen auch für den Kraftfahrzeugbereich. Nur etwa 5 % aller Kundenanfragen beziehen sich auf Sonderlager, rufen jedoch einen erheblichen Aufwand hervor, da zahlreiche Aktivitäten in mehreren Funktionsbereichen bis zur Angebotsabgabe zu veranlassen sind. Jedes Sonderlagerangebot verursacht Prozeßkosten in der Größenordnung von durchschnittlich 5.000 DM. Dem steht ein mittlerer Auftragswert von ca. 40.000 DM gegenüber. Jährlich gehen insgesamt ca. 1.600 Erstanfragen für Sonderlager ein. Etwa 20 bis 25 % der Angebote konkretisieren sich in Aufträgen.

Abbildung 5.1.2.1/1 illustriert grob die bisherige Bearbeitung von Sonderlager-Kundenanfragen. Die Kontaktaufnahme erfolgt über den Vertriebsaußendienst (Ingenieurbüros). Nachdem dieser die Anfragen mit Hilfe eines Vertriebsunterstützungssystems erfaßt hat, spezifiziert er die gewünschte Problemlösung auf dem Papierformular "Datenblatt". Dieses Formular begleitet alle Sonderlageranfragen und nimmt die wichtigsten Bearbeitungsergebnisse der einzelnen Stellen auf.

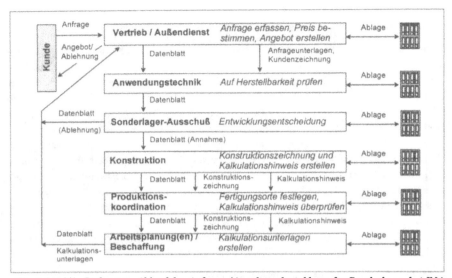

Abb. 5.1.2.1/1: Bisheriger Ablauf der Anfrage-/Angebotsabwicklung für Sonderlager bei INA

Der Außendienstmitarbeiter stellt dann alle dem Vorgang zugehörigen Unterlagen (Datenblatt, Skizzen, Kundenzeichnung, Kundennormen/-vorschriften und Korrespondenz) zusammen und überprüft die Vollständigkeit aus technischer und kaufmännischer Sicht. Diese Dokumente werden für die eigene Ablage kopiert und an die Anwendungstechnik im Hauptwerk Herzogenaurach weitergeleitet. Parallel hierzu ist der Vertriebsinnendienst mit einer Kopie des Datenblattes zu informieren.

Die Anwendungstechnik hat die Herstellbarkeit des Sonderlagers zu beurteilen und auf dem Datenblatt zu dokumentieren. Ziel ist es außerdem, bereits entwickelte Vergleichstypen (ähnliche Lagertypen) zu finden, um das vorhandene Know-how zu nutzen und den Entwicklungsaufwand gering zu halten. Wesentliche von der Anwendungstechnik benötigte Informationen (z.B. DIN-, Werks-, Kundennormen) sind in Ordnern abgelegt oder Katalogen von Standardteilen zu entnehmen, die sich jeder Mitarbeiter zusammenstellt (Ablage am Arbeitsplatz).

Im nächsten Schritt gilt es, den Vorgang für den sog. Sonderlager (SOLA)-Ausschuß aufzubereiten, d.h., eine Empfehlung für die Annahme oder Ablehnung der Anfrage auf dem Datenblatt zu dokumentieren. Relevante Vorgangsunterlagen legt der Mitarbeiter als Kopien im persönlichen Archiv ab. Die Anfrage wird nun dem SOLA-Ausschuß vorgelegt. Dieses zweimal pro Woche tagende Gremium setzt sich aus Vertretern der beteiligten Funktionsbereiche zusammen und entscheidet im Bereich Maschinenbau über etwa 15 Sonderlageranfragen je Sitzung. Berücksichtigt werden konstruktionstechnische (z.B. Entwicklungsaufwand), fertigungstechnische (z.B. Maschinenauslastung), logistische (z.B. Anzahl der Fertigungsorte), kundenorientierte (z.B. Kundenqualität) und kalkulatorische (z.B. Deckungsbeitrag) Aspekte.

Fällt die Entscheidung negativ aus, so wird der Ablehnungsgrund auf dem Datenblatt vermerkt und anschließend an den Vertrieb weitergeleitet, der ein Ablehnungsschreiben an den Kunden formuliert und versendet.

Bei positiver Entscheidung wird durch die Vergabe einer Werkskennziffer der Fertigungsort für die Montage festgelegt und auf dem Datenblatt dokumentiert. Letzteres gelangt zur Konstruktion, die eine Konstruktionszeichnung (Angebots-/Lieferzeichnung) und einen groben Kalkulationshinweis erstellt. Dieser dient als Formular zur Aufnahme der Einzelteilinformationen für die Erzeugnisausführung und ist die Grundlage für die Kalkulation. Für die beiden letzten Schritte stehen den Mitarbeitern Berechnungsprogramme sowie ein CAD-System zur Verfügung. Nach Überprüfung und Freigabe der Unterlagen gelangen Datenblatt, Kalkulationshinweis und Konstruktionszeichnung als Kopien an die Abteilung Produktionskoordination, die anschließend die Technologie und die Fertigungsorte für die Einzelteile bestimmt. Zu entscheiden ist hierbei u.a. über Eigen- oder Fremdfertigung. Die Werkskennziffern der ausgewählten Firmenstandorte werden im Formular Kalkulationshinweis festgehalten. Die geprüften Unterlagen gelangen dann an die Arbeitsplanungen der betroffenen Werke bzw. an die Beschaffung.

Enthält der Kalkulationshinweis Fremdbezugsteile, so fragt der Einkauf mit Hilfe sog. Anfrage-/Bestellzeichnungen aus der Anwendungstechnik/Konstruktion bei potentiellen Lieferanten an. Beim Erstellen der Lieferantenanfragen bedient man sich eines Materialwirtschaftssystems. Eingehende Lieferantenangebote werden analysiert, die Ergebnisse in einem Übersichtsblatt zusammengestellt und an die Produktionskoordination weitergereicht.

Die Arbeitsplanungen der zur Fertigung vorgesehenen Werke kalkulieren anhand der Anforderungen der Produktionskoordination die Einzelteile unter Berücksichtigung der Material-, Fertigungslohn- und Maschinenkosten. Die Produktionskoordination berechnet anschließend auf Basis der Einzelteilkalkulationen, der gesamten Montagekosten und der Kosten für Fremdbezugsteile die Selbstkosten. Man spricht dann von "vorkalkulierten Teilekosten".

Der Vertrieb legt die vorkalkulierten Teilekosten der Preisbildung zugrunde und formuliert das Angebot, das zusammen mit der Konstruktionszeichnung und ggf. weiteren Dokumenten (z.B. Konstruktionsprüfbericht) an den Kunden gesendet wird. Um bei Verhandlungen mit dem Kunden argumentationssicher die Offerte vertreten zu können, sind bei der Preisbildung neben den vorkalkulierten Teilekosten die Preise vergleichbarer Lager, die Preisvorstellungen des Kunden, Wettbewerbsinformationen und auch Zeichnungen ähnlicher Lager, insbesondere wenn diese für den gleichen Kunden gefertigt wurden, heranzuziehen.

Die Angebotserstellung und -verfolgung wird durch Systeme der IDV (z.B. Textverarbeitung) unterstützt. Lehnt der Kunde das Angebot ab, erfaßt der Vertriebsinnendienst den Ablehnungsgrund und fügt ihn dem Vorgang bei. Schließlich wird der Außendienst von einer Annahme wie auch Ablehnung informiert.

5.1.2.2 Schwachstellen

Trotz des gut strukturierten Ablaufs lassen sich folgende Schwachstellen in der Anfrage-/Angebotsabwicklung erkennen:

- Papierbasierte Informationsflüsse und Medienbrüche

  Es zeigte sich, daß eine komplette Dokumentation des Angebotsprozesses ca. 40 verschiedene, z.T. mehrseitige Papierdokumente enthält und während des Durchlaufs etwa 240 Papierkopien erstellt werden [MeMo94a, S. 52 f.]. Die mangelnde Integration von Daten- und Dokumentenverarbeitung verursacht zahlreiche Medienbrüche. So übertragen die einzelnen Bearbeitungsstellen personell Daten aus den jeweiligen Anwendungssystemen in das Datenblatt bzw. in den Kalkulationshinweis (und vice versa). Beispielsweise wird der im Außendienst erstellte Kundenbericht in das Datenblatt eingegeben. Dies führt zu einer höheren Fehlerwahrscheinlichkeit in den Abläufen. Abbildung 5.1.2.1/1 deutet auch die zahlreichen persönlichen Ablagen und Abteilungsarchive an, in denen Kopien der bearbeiteten und weitergereichten Dokumente aufbewahrt werden.

- Mangelnde Verfügbarkeit von Dokumenten am Arbeitsplatz

  Relevante Dokumente des Angebotsprozesses sind nur zu einem kleinen Teil durch eine DMS-Installation (siehe Abbildung 5.2.2/1) online an den Mitarbeiter-Arbeitsplätzen verfügbar. Zum einen leidet dadurch die Auskunftsbereitschaft gegenüber Kunden, zum anderen fließt das Know-how bestehender Konstruktionen nur in geringem Maße in die Angebotsspezifikation ein, so daß man Gefahr läuft, "das Rad zweimal zu erfinden".

- Mangelnde Integration und Durchgängigkeit der vorhandenen Anwendungssysteme

  Die Analyse zeigte auch, daß zahlreiche Programmsysteme in heterogenen Systemumgebungen zur Unterstützung einzelner Funktionen des Prozesses existieren, diese jedoch nicht in den Ablauf integriert sind und somit keine durchgängige Verwendung finden.

- Mangelnde Vorgangstransparenz

  Informationen über die aktuell laufenden Anfrageprozesse sind nicht abrufbar, so daß man unternehmensintern wie auch gegenüber Kunden nicht in der Lage ist, zu jeder Zeit den exakten Status einer Kundenanfrage anzugeben.

- Lange Durchlaufzeit

  Die Schwachstellen spiegeln sich in langen Durchlaufzeiten von Kundenanfragen (durchschnittlich etwa 11 Wochen) wider. Von dieser Zeitspanne werden nur ca. 3-7 % wertschöpfend genutzt, der Rest entfällt auf wertneutrale Transport-, Liege- und Warte- sowie geistige Rüstzeiten.

5.2   Rahmenkonzept

5.2.1   Generelle Anforderungen

Aus der Schwachstellenanalyse lassen sich folgende generelle Anforderungen an IDWM formulieren:

- **Workflow-Management**: IDWM hat den kompletten Angebotsprozeß für Sonderlager als führendes System transparent zu steuern, wobei Papier durch elektronische Vorgangsmappen als Kontrollfluß zwischen den Aktivitäten zu ersetzen ist.

- **Dokumenten-Management**: Der Zugriff auf einen Großteil der bei INA verfügbaren Dokumente soll über eine einheitliche Retrievaloberfläche möglich sein.

- **Formular-Management**: Die wichtigsten Papierformulare des Prozesses sind als interaktive elektronische Eingabeformulare abzubilden.

- **Integration**: Sowohl vorhandene INA-Applikationen der Daten- und Dokumentenverarbeitung als auch neu zu entwerfende bzw. zu "reaktivierende" Anwendungssysteme sind über lose Kopplungsmechanismen in den Workflow einzubinden.

- **Flexibilität:** Der Workflow soll den Angebotsprozeß nicht festschreiben, sondern leicht umkonfigurierbar sein bzw. Möglichkeiten des "Ausbrechens" während der Laufzeit bieten.

5.2.2   Entwicklungsumgebung

IDWM basiert auf der in Abbildung 5.2.2/1 dargestellten DMS-Installation der INA Wälzlager Schaeffler KG, die in erster Linie CAD- und Kundenzeichnungen im Rasterbildformat verwaltet. Ein Import-Ring verbindet über einen Router und Work-Server die Eingabesysteme: Scan- sowie CAD-Stationen. Der Work-Server hält die Dokumente so lange auf einer Festplatte, bis sie zur Speicherung auf dem Dokumenten-Server freigegeben sind. Dieser verwaltet mehrere Jukeboxen und ist über den Server-Ring, Netzübergänge (Bridges) und Cache-Server mit den Arbeitsringen verbunden. Auch die Arbeitsstationen können Dokumente in das System importieren, z.B. mit Hilfe lokaler Scanner. Cache-Server benutzen Paging-Algorithmen, um oft angeforderte Dokumente auf der Festplatte zu belassen und die optischen Speichermedien zu entlasten. Der Server-Ring ist darüber hinaus verbunden mit der Großrechnerwelt und mit weiteren INA-Werken bzw. -Ingenieurbüros, die dadurch auf die aktuellen Zeichnungsbestände des Hauptstandortes Herzogenaurach zugreifen können.

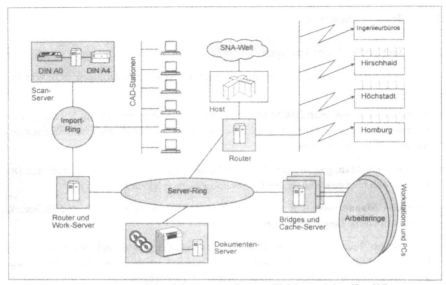

Abb. 5.2.2/1: DMS-Produktivsystem der INA Wälzlager Schaeffler KG

Als Entwicklungsplattform für IDWM diente - wie schon für die o.g. Installation - das DMS/WMS BusinessFlow, ein Produkt der INA-Tochtergesellschaft COI GmbH [COI95]. Das System basiert auf der rein objektorientierten Programmiersprache OEL (**O**bject-oriented **E**xtensible **L**anguage), die Elemente von C++ und LISP vereint. Die Komponenten von BusinessFlow sind Bestandteil einer mächtigen objektorientierten Klassenbibliothek in OEL, so daß sich das System über Änderungen bzw. Erweiterungen dieser Bibliothek an unternehmensspezifische Anforderungen anpassen läßt. OEL ist eine interpretierende Sprache, d.h., Änderungen können auch während der Laufzeit vorgenommen werden. Die Hauptkomponenten von BusinessFlow lassen sich in die Kategorien Dokumenten-Management, Formular-Management und Workflow-Management einteilen. Als Prozeßbeschreibungssprache kommt FLOWARE zum Einsatz, die ebenfalls auf OEL beruht. BusinessFlow benötigt UNIX-Systeme als Plattform für die System-Server (Namens-, Update-, Datenbank- und Dokumenten-Server). Mehrere relationale Datenbanken lassen sich für die Ablage der Dokumentindizes sowie als Organisationsdatenbank heranziehen; im IDWM-Projekt kam eine INGRES-Datenbank zur Anwendung. Die BusinessFlow- bzw. IDWM-Clients laufen auf mehreren Hardware- und Betriebssystemplattformen, u.a. HP UX, Microsoft Windows und IBM OS/2. Auch hier zeigt sich der Vorteil der Interpreter-Sprache OEL, die ohne Code-Modifikationen auf den genannten graphischen Benutzungsoberflächen ausführbar ist. IDWM wurde auf mehreren HP-Workstations der Familie HP 9000/715 sowie Pentium-PCs entwickelt, die in das unternehmensweite TCP/IP-Netzwerk der INA Wälzlager Schaeffler KG eingebunden sind.

5.2.3 Informationsfluß

Abbildung 5.2.3/1 zeigt überblicksartig den Informationsfluß in IDWM. Die Ingenieurbüros erfassen Kundenanfragen entweder direkt beim Kunden oder im Außendienstbüro mit dem CAS-System INCAS. Über Wähl- bzw. Standleitungen gelangen die INCAS-Daten von den Ingenieurbüros auf die zentrale host-basierte DB2-Anfragedatenbank. Darüber hinaus wird pro INCAS-Anfrage eine entsprechende Vorgangsmappe für die Anfrage-/Angebots-abwicklung in IDWM initialisiert und der Workflow gestartet. Anschließend steuert IDWM die 40 Aktivitäten des Workflows bis hin zur Erstellung des kundenindividuellen Angebots, das zusammen mit ergänzenden Unterlagen an den Kunden versandt wird. Die zentrale DB2-Angebotsdatenbank nimmt die wichtigsten Daten der Offerte auf. Entscheidet sich der Kunde zugunsten des Angebots, so schließt sich der Prozeß der Auftragsabwicklung an.

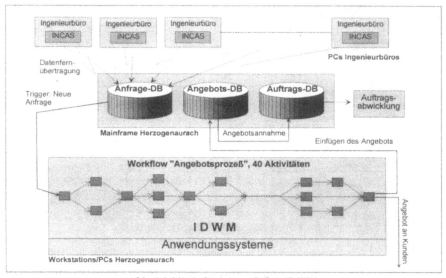

Abb. 5.2.3/1: Informationsfluß in IDWM

5.2.4 Integration

Eine zweite schematische Darstellung von IDWM, die mehr auf die Integrationsaspekte ab-zielt, zeigt Abbildung 5.2.4/1. Wiederum erkennt man den Auslöser und das Ergebnis des Prozesses: eine eingehende Kundenanfrage und ein individuelles Angebot bzw. eine Ableh-nung.

Alle für den Anfrage-/Angebotsprozeß relevanten E-Dokumente sind in der Vorgangsmappe (Anfrage- bzw. Angebotsabwicklungsmappe) zusammengefaßt, die auf Basis des Workflow-Scripts von IDWM durch die Aktivitäten bzw. betrieblichen Instanzen geleitet wird (*prozeßorientierte Integration*, vgl. Abschnitt 2.4.2.2). Aktuell basiert die Zuordnung einer Workflow-Aktivität zu einem Benutzer bzw. einer Benutzergruppe auf einem Rollenkonzept (*Integration der Aufbauorganisation*, vgl. Kapitel 2.4.2.3), das sich an den Workflow-Aktivitäten orientiert. Die beteiligten organisatorischen Einheiten entsprechen im wesentlichen denen des konventionellen Ablaufes; neu hinzugekommen sind "Prozeßverantwortlicher" und "Elektronischer Sonderlagerausschuß". Ersterer, i.d.R. ein Branchenmanager, zeichnet u.a. für die Prozeßplanung verantwortlich. Der bisher periodisch tagende SOLA-Ausschuß wird durch eine elektronische Gruppenentscheidung ersetzt.

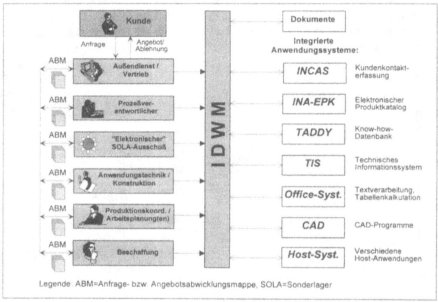

Abb. 5.2.4/1: Funktionsbereiche und integrierte Anwendungssysteme in IDWM

Auf der rechten Seite von Abbildung 5.2.4/1 sind die integrierten Systeme der Daten- und Dokumentenverarbeitung zu erkennen. IDWM selbst ermöglicht über seine Dokumenten-Management-Funktionen eine einheitliche Retrievaloberfläche auf zahlreiche Dokumente, z.T. aus Fremdapplikationen (*Integration verschiedener Dokumentarten durch das DMS*, vgl. Abschnitt 2.3.2). Weiterhin integriert IDWM über die in Abbildung 5.2.3/1 aufgeführten Host-Datenbanken hinaus mehrere IV-Systeme (*Integration von DMS mit formatierter DV*, vgl. Kapitel 2.3.1; *Integration von Anwendungssystemen durch das WMS*, vgl. Abschnitt 2.4.2.4):

- **INCAS:** Das CAS-System zur Kundenkontakterfassung löst den Workflow aus. Neben einer Schnittstelle zur schon bestehenden INCAS-Applikation des Industriepartners wurde ein neues System konzipiert und realisiert, das sich durch erweiterte Funktionen, eine bessere Benutzungsoberfläche sowie eine direkte Anbindung an IDWM auszeichnet.

- **INA-EPK:** Der INA-EPK ist das elektronische Pendant der INA-Papierkataloge für Standardlager. Auf Basis der Recherche mit diesem Tool wird z.b. beim Kundenkontakt entschieden, ob der Kundenwunsch mit einem Standard- oder einem Sonderlager zu befriedigen ist. Zum einen läßt sich der EPK "stand alone" einsetzen. Zum anderen ist das System in die Dokumenten-Management-Komponente von IDWM eingebunden, d.h., INA-EPK-Dokumente können über umfangreiche Klassifikationsmerkmale gesucht werden.

- **TADDY:** Die Know-how-Datenbank TADDY hilft durch eine strukturierte Ablage von INA-Anwendungslösungen, historische Konstruktionen besser zu berücksichtigen und somit Doppelentwicklungen zu vermeiden. Jede TADDY-Anwendungslösung besteht aus einer Dokumentenmappe mit Elementen wie Problemstellung, Lösungsskizze etc.

- **TIS:** Das Host-System TIS ermöglicht detaillierte Recherchen zu allen INA-Teilen auf Basis der Produktstammdatenbank. In IDWM wurde ein benutzerfreundliches Zugangssystem entwickelt, das auch eine Übernahme der TIS-Rechercheergebnisse, z.B. in eine Vorgangsmappe, erlaubt.

- **Office-Systeme:** Textverarbeitungssysteme werden in der Anfrage-/Angebotsabwicklung vor allem zum Generieren des Ablehnungs- bzw. Angebotsschreibens genutzt. Insbesondere bei der Kalkulation dominieren Tabellenkalkulationsprogramme. Beide Office- bzw. IDV-Applikationen sind in die Dokumenten-Management-Komponente integriert.

- **CAD-Systeme:** Die technischen Abteilungen benutzen ein CAD-System u.a. beim Erstellen der Lösungsskizze und der Angebots-/Lieferzeichnung. Hier wurde eine Schnittstelle zum technischen Zeichnungsarchiv im DMS entwickelt, d.h., jede freigegebene CAD-Zeichnung ist als Rasterbild in IDWM abrufbar.

- **Host-Systeme:** Aus IDWM lassen sich alle Host-Anwendungen der INA, beispielsweise das Kalkulationssystem, aufrufen.

Einige der Applikationen sind "Altlasten", die aufgrund der hohen Akzeptanz einzubinden waren (z.B. TIS). Andere Programme gehören zur "Standard-Ausrüstung" im kaufmännischen bzw. technischen Bereich (z.B. Office-Systeme, CAD). Weiterhin wurden im Rahmen des Projekts zwei innovative Applikationen neu entwickelt und in IDWM eingebunden: der INA-EPK und INCAS. Die Know-how-Datenbank TADDY stellt einen Sonderfall dar. Schon vor einigen Jahren in einem ersten Anlauf prototypisch entwickelt, fand das System bei INA vor allem aufgrund technischer Restriktionen und mangelhafter Einbindung keine Akzeptanz. IDWM bot hier eine Chance, TADDY zu "reaktivieren", das zu diesem Zweck neu implementiert wurde.

5.3 Modellierung und Konfiguration

Die Workflow-Management-Phase "Modellierung / Konfiguration" (vgl. Kapitel 2.4.1.2) im Rahmen von IDWM unterscheidet zwischen *Prozeß* (Abschnitt 5.3.1), *Daten und Dokumente* (Kapitel 5.3.2) sowie *Aufbauorganisation* (Abschnitt 5.3.3). Modelliert wurde mit dem Tool ODAN auf Basis des darin hinterlegten Referenzablaufs für die Anfrage-/Angebotsabwicklung (vgl. Abschnitt 4.3). Die Konfiguration des Workflow-Modells auf Basis des Prozeßmodells richtet sich nach der Architektur des DMS/WMS BusinessFlow.

5.3.1 Prozeß

5.3.1.1 Modellierung

Das Prozeßmodell beschreibt die Aktivitäten des Workflows, deren Ablaufreihenfolge sowie die zugeordneten organisatorischen Rollen und Anwendungssysteme. Basis waren die im Modellierungstool ODAN hinterlegten Dokumente des Referenzmodells, die zunächst an die INA-spezifischen Begebenheiten anzupassen waren (siehe Abschnit 5.3.2). Der dokumentenorientierten Philosophie von ODAN folgend [Rauf96] wurde pro erzeugtem bzw. geändertem Dokument eine Prozeßaktivität definiert. Das WMS interessiert sich also primär für die Resultate einer Aktivität, jedoch nur sekundär für den Weg, wie diese erzielt wurden (personell oder automatisch). Diese strikt ergebnisorientierte Modellierung begegnet zum einen der Gefahr der Komplexitätsexplosion, zum anderen läßt sie genügend Freiraum, die IV-Unterstützung der einzelnen Aktivitäten unabhängig vom WMS zu variieren.

Tabelle 5.3.1.1/1 zeigt die 40 Aktivitäten des Angebotsprozesses. Pro Aktivität ist die korrespondierende Funktion des Referenzmodells (vgl. Kapitel 4.3) angegeben, um dessen Übertragbarkeit zu verdeutlichen. Einige Funktionen des Referenzablaufs finden sich im IDWM-Prozeß nicht wieder. Hierzu gehört u.a. das Übernehmen der Kundendokumente (Funktion 1.1.3 des Referenzmodells), die direkt beim Erfassen der Kundenanfrage in das System importiert werden. Auch stimmt man bei INA die Lösung nicht vor der Annahmeentscheidung (Funktion 1.2.4 des Referenzmodells) mit dem Kunden ab.

Abweichungen waren bei der Aktivitätenanordnung, der Granularität der Modellierung sowie bei der Aktivitäten- bzw. Funktionsbenennung festzustellen. So entspricht beispielsweise die Funktion 2.1.2.5 ("Lösung definieren") des Referenzmodells der Aktivität "Kalkulationshinweis vervollständigen" (Aktivität Nr. 22 in Tabelle 5.3.1.1/1) des IDWM-Prozeßmodells. Eine detailliertere Modellierung findet man z.B. für die Funktion 1.4.1 ("Entscheidung dokumentieren"). Sie wurde in vier Aktivitäten (Nr. 8 - 11) aufgeteilt, da mehrere Entscheidungsträger-Konstellationen in IDWM zu berücksichtigen sind (Branchenmanager, elektronischer und personeller SOLA-Ausschuß).

Nr.	Aktivität	RM	NF
	Kundenanfrage erfassen	1.1.1	1
1	Vorgang planen	1.1.2	2
2	Wiederhollösungen suchen	1.2.1	3
3	Pflichtenheft erstellen	1.2.2	4
4	Kalkulationshinweis erstellen	1.2.2	5
5	Lösungsskizze erstellen	1.2.2	6 und 7
6	Anfrage technisch bewerten	1.2.5	8
7	Anfrage kaufmännisch bewerten	1.3.2	8
8	Entscheidungsträger festlegen	1.4.1	9 oder 10
9	Branchenmanager-Entscheidung	1.4.1	12 oder 15
10	"Elektronische" SOLA-Entscheidung	1.4.1	11 oder 12 oder 15
11	"Personelle" SOLA-Entscheidung	1.4.1	12 oder 15
12	Ablehnungsschreiben erstellen	1.4.3	13
13	Ablehnungsschreiben versenden	1.4.3	14
14	Anfragevorgang archivieren	1.5.2	ENDE
15	Angebotsvorgang initialisieren	1.4.2	16
16	Montageort festlegen	2.2.4	17
17	Standards suchen	2.1.1	18
18	Berechnungen durchführen	2.1.2.1	19 oder 20
19	Konstruktions-FMEA erstellen	2.1.2.2	20
20	Angebots-/Lieferzeichnung erstellen	2.1.2.3	21
21	Angebots-/Lieferzeichnung mit Kunde abstimmen	2.1.2.4	22
22	Kalkulationshinweis vervollständigen	2.1.2.5	23
23	Make-or-Buy entscheiden	2.2.1	24
24	Fertigungsorte festlegen	2.2.1	25 und/oder 26
25	Einzelteilkalkulationen erstellen	2.3.1.1	31
26	Anfrage-/Bestellzeichnungen erstellen	2.2.1	27
27	Lieferantenanfragen erstellen	2.2.2	28
28	Lieferantenanfragen versenden	2.2.2	29
29	Lieferantenangebotsübersicht erstellen	2.2.3	30
30	Lieferanten auswählen	2.2.3	31
31	Montagetermin festlegen	2.2.4	32
32	Vorkalkulierte Teilekosten ermitteln	2.3.1.2	33
33	Deckungsbeitragsfaktor ermitteln	2.3.2.2	34
34	Angebotspreis ermitteln	2.3.2.2	35
35	Angebotsgültigkeit festlegen	2.3.2.3	36
36	Liefertermin festlegen	2.3.2.1	37
37	Angebotsschreiben erstellen	2.3.3.1	38
38	Angebotsunterlagen versenden	2.3.3.2	39
39	Angebot verfolgen	2.4.3	40
40	Angebotsvorgang archivieren	2.4.2	ENDE

Legende: RM: korrespondierende Funktion des Referenzmodells
             NF: Nummer(n) der Nachfolgeaktivität(en)

Tab. 5.3.1.1/1: Tabellarisches Prozeßmodell des Angebotsprozesses

Insgesamt läßt sich eine gute Übertragbarkeit feststellen, so daß der Modellierungsaufwand mit ODAN, in dem das Referenzmodell bereits hinterlegt war, gering gehalten werden konnte.

Im Vergleich mit dem konventionellen Ablauf der Anfrage-/Angebotsabwicklung bei INA (vgl. Kapitel 5.1.2.1) wurden keine Änderungen im Sinne eines radikalen BPR oder gar einer "Geschäftsprozeßoptimierung" vorgenommen. Letzterer Begriff suggeriert eindeutig definierte Zielfunktionen (z.B. minimale Durchlaufzeit) für Prozesse (z.B. Reklamationsbearbeitung). Solche "sauberen" Zielfunktionen liegen jedoch in praxi aufgrund zahlreicher, von Vorgang zu Vorgang variierender und sich konterkarierender Teilziele (Termintreue, hoher Detaillierungsgrad der Konstruktion, etc.) nicht vor.

Die Ablauflogik des "neuen", durch Dokumenten- und Workflow-Management unterstützten Prozesses wurde also nur an einigen Stellen gegenüber dem konventionellen Angebotsprozeß modifiziert. Die Aktivitäten sind so angeordnet, daß alle Dokumente und Formulare zum frühestmöglichen Zeitpunkt erzeugt werden, wie etwa der Kalkulationshinweis, der im Gegensatz zur alten Anfrage-/Angebotsabwicklung schon ganz am Anfang des Workflows generiert wird. Der Ablauf der Annahmeentscheidung stellt die einzige markante Änderung zum ursprünglichen Prozeß dar, da das Sonderlager-Gremium in den meisten Fällen durch eine elektronische Gruppenentscheidung ersetzt wird und nur noch in Ausnahmefällen zusammentritt.

Die einzelnen Aktivitäten des Prozeßmodells werden an dieser Stelle nicht näher erläutert. Für eine detaillierte Beschreibung der Vorgangsschritte sei auf die korrespondierenden Funktionen des Referenzmodells (vgl. Abschnitt 4.3.2) und auf das Anwendungsbeispiel (siehe Kapitel 5.6) verwiesen.

Abbildung 5.3.1.1/2 zeigt einen kleinen Ausschnitt der tabellarischen Prozeßmodelldarstellung in ODAN, die pro Aktivität u.a. die ausführende Instanz, den Dokumenten-Input bzw. -Output sowie die integrierten Anwendungssysteme enthält.

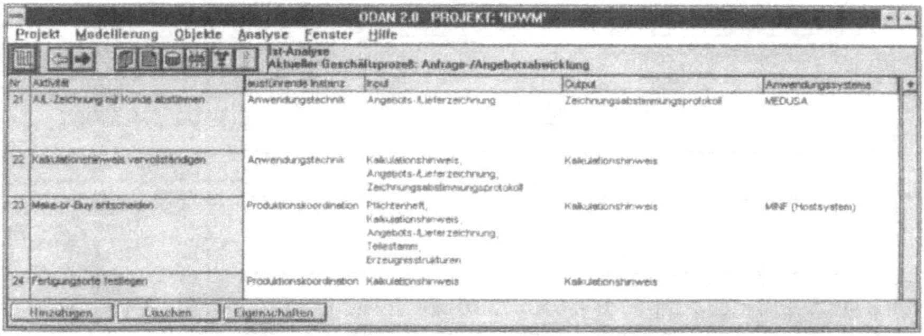

Abb. 5.3.1.1/2: Ausschnitt aus der tabellarischen Prozeßmodelldarstellung in ODAN

5.3.1.2 Konfiguration

Das Prozeßmodell wurde mit der Prozeßbeschreibungssprache FLOWARE in ein vom WMS interpretierbares Workflow-Script umgesetzt, dessen schematischer Aufbau in Abbildung 5.3.1.2/1 zu sehen ist.

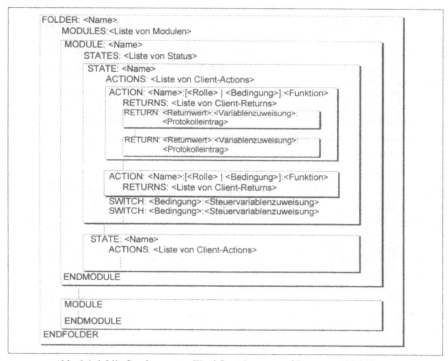

```
FOLDER: <Name>
    MODULES:<Liste von Modulen>
    MODULE: <Name>
        STATES: <Liste von Status>
        STATE: <Name>
            ACTIONS: <Liste von Client-Actions>
            ACTION: <Name>:[<Rolle> | <Bedingung>]:<Funktion>
            RETURNS: <Liste von Client-Returns>
            RETURN: <Returnwert>:<Variablenzuweisung>:
                    <Protokolleintrag>

            RETURN: <Returnwert>:<Variablenzuweisung>:
                    <Protokolleintrag>

            ACTION: <Name>:[<Rolle> | <Bedingung>]:<Funktion>
            RETURNS: <Liste von Client-Returns>
            SWITCH: <Bedingung>:<Steuervariablenzuweisung>
            SWITCH: <Bedingung>:<Steuervariablenzuweisung>

        STATE: <Name>
            ACTIONS: <Liste von Client-Actions>

    ENDMODULE

    MODULE
    ENDMODULE
ENDFOLDER
```

Abb. 5.3.1.2/1: Struktur eines Workflow-Scripts auf Basis von FLOWARE

Ein Prozeß wird auf der obersten Hierarchieebene durch den Namen der korrespondierenden Durchlaufmappe (Dokumenttyp *Folder*[8]) identifiziert. Er besteht aus einem oder mehreren *Modulen*, die wiederum jeweils mehrere *Status* beinhalten. Ein Status bezeichnet einen Zustand, den ein Vorgang einnehmen kann, und entspricht einer Prozeßaktivität, so z.B. "Wiederhollösungen suchen" im Prozeß "Anfrage-/Angebotsabwicklung". Die Module zieht man heran, um parallele Aktivitätenabläufe zu konfigurieren, etwa im Prozeß "Reklamationsbearbeitung" die Teil-Workflows "Technische Reklamationsbearbeitung" und "Kaufmännische Reklamationsbearbeitung".

---

[8] Die kursiv gedruckten Begriffe entstammen dem Sprachvorrat von FLOWARE.

Auf der untersten Verfeinerungsstufe eines Workflow-Scripts lassen sich Status bzw. Aktivitäten in mehrere Aktionen aufteilen (*Action*), die normalerweise mit dem Aufruf einer IDWM-Funktion oder eines externen Anwendungssystems gekoppelt sind (operationaler Aspekt des Workflows, [Jabl95a, S. 27 ff.]). So besteht z.b. die Aktivität "Standards suchen" des Angebotsprozesses aus mehreren Aktionen, die Suchmasken bestimmter Dokumentenfamilien (interne Normen, externe Normen usw.) aufrufen. In einer *Funktion*, spezifiziert in einem separaten OEL-Programm, legt man diese Zuordnung fest. Die mit einer Aktion verbundene Funktion liefert einen Wert, der anschließend in einer Fallunterscheidung ausgewertet wird (*Return*). Abhängig von diesem Wert lassen sich Variablen setzen sowie der Eintrag in das Workflow-Protokoll modifizieren.

Jeder Aktion wird weiterhin eine Rolle aus der Organisationsdatenbank (Abschnitt 5.3.3) zugewiesen, die wiederum an bestimmte Bedingungen geknüpft ist (*Rolle, Bedingung*). So lassen sich Regeln formulieren, die abhängig von Variablen, z.B. der Höhe des Anfragevolumens, Aktionen einem Sachbearbeiter oder einem Abteilungsleiter zuteilen.

Im *Switch*-Teil eines Status bzw. einer Aktivität werden auf Basis der Rückgabewerte der einzelnen Aktionen Steuervariablen gesetzt. Eine besondere Rolle spielt hierbei die Variable *Cursor*, die den aktuellen Prozeßstatus innerhalb eines Moduls anzeigt. Setzt man den *Cursor* auf einen anderen Status, so wird dieser Status bzw. diese Aktivität als nächstes ausgeführt.

Das mit FLOWARE konfigurierte Workflow-Script der Anfrage-/Angebotsabwicklung umfaßt etwa 3.500 Code-Zeilen. Jede Aktivität des Prozeßmodells in Tabelle 5.3.1.1/1 entspricht einem Status im Workflow-Script.

FLOWARE ist als herstellerspezifische Workflow-Sprache nur eine von vielen Möglichkeiten, ein Prozeßmodell in ein ausführbares Workflow-Script zu überführen, und mit einigen Nachteilen verbunden. So wäre es z.B. wünschenswert, *Status* bzw. *Aktivitäten* ebenfalls in einer Datenbank - losgelöst von der Beschreibung des Ablaufverhaltens - abzulegen, um die Wiederverwendbarkeit von Aktivitäten in verschiedenen Prozessen zu erleichtern.

5.3.2 Daten und Dokumente

5.3.2.1 Modellierung

Das Daten-/Dokumentenmodell verfolgt das Ziel, die an IDWM beteiligten Dokumente und formatierten Datenbestände sowie deren Integrationsbeziehungen aufzuzeigen. Die Dokumentenbestände sind unterteilt in "normale" Dokumente, Formulare, Dokumentenmappen sowie Vorgangsmappen. Letztere unterscheiden sich von Dokumentenmappen insofern, als sie im Rahmen von Workflows als Durchlaufmappen herangezogen werden. Mit dem Modellierungswerkzeug ODAN gelingt es, die Integrationsaspekte zwischen formatierten Daten und Dokumenten zu berücksichtigen [Hess94, S. 25 ff.], wie beispielsweise informationsorientierte Schnittstellen oder auch bewußt in Kauf genommene Redundanzen. Aus Platzgründen verbietet sich eine Darstellung aller Dokument- und Datenattribute sowie der Integrationsbeziehungen. Einen Einblick in die Komplexität gibt Abbildung 5.3.2.1/1 mit einem Ausschnitt des von ODAN generierten Daten-/Dokumentenmodells. Es beleuchtet die logischen Abhängigkeiten des E-Formulars "Datenblatt", das automatisch mit Daten aus dem Programm INCAS vorbelegt wird.

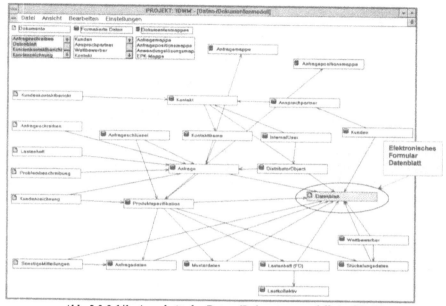

Abb. 5.3.2.1/1: Ausschnitt des Daten-/Dokumentenmodells in ODAN

Tabelle 5.3.2.1/2 zeigt die wichtigsten in IDWM verfügbaren *Dokumentenfamilien*, denen jeweils eine beschreibende Attributmenge zugeordnet ist. Als Basis dienten die Dokumente des Referenzmodells sowie umfangreiche Dokumentanalysen bei INA [Jezu93]. Ausgehend von den Input-/Output-Beziehungen der am Prozeß beteiligten Durchlaufdokumente und organisatorischen Einheiten generiert ODAN automatisch ein grobes Gerüst des Prozeßmodells (vgl. Kapitel 5.3.1).

Die Indexierung der Dokumente wurde von der Leitlinie bestimmt, eine möglichst durchgängige Klassifikation und somit einheitliche Retrievaloberfläche zu schaffen. Alle Dokumentenfamilien sind daher mit vier identischen Attributen versehen (Nummer, Name, Datum, Stichwort), die jedoch semantisch durchaus unterschiedliche Bedeutung haben können. So bezieht sich die Nummer einer Sonderlagerzeichnung auf die F-Nummer (vgl. Kapitel 5.1.1.2), bei einer Norm auf die DIN-Nummer und bei einer Anfragepositionsmappe auf die Anfragenummer.

69

Dokumentenfamilie	Typ	Dokumentenfamilie	Typ
Ablehnungsschreiben	D	INA-Dokument	D
Anfrage-/Bestellzeichnung	D	INA-EPK-Dokument	D
Anfragemappe	M	Interne Norm (Werksnorm)	D
Anfragepositionsmappe	V	Kalkulationshinweis	F
Anfrageschreiben	D	Kundenkontaktbericht	D
Angebots-/Lieferzeichnung	D	Kundenzeichnung	D
Angebotsschreiben	D	Lastenheft	D
Anwendungslösung (TADDY)	M	Pflichtenheft	D
Datenblatt	F	Technische Zeichnung	D
Einzelteilkalkulationsblatt	F	Versuchsbericht	D
Externe Norm	D	Werkzeugzeichnung	D
Typ: D=Dokument, F=Formular, M=Dokumentenmappe, V=Vorgangsmappe			

Tab. 5.3.2.1/2: Ausgewählte Dokumentenfamilien in IDWM

Hinzu kommen jeweils die familienabhängigen Attribute, wie z.B. die teileorientierte Sachmerkmalleiste bei den INA-EPK-Dokumenten (siehe Abschnitt 5.5.2) oder "Anwendungsgebiet" bei TADDY-Dokumentenmappen (vgl. Kapitel 5.5.3). Ziel sollte es sein, über die vier genannten Indizes hinaus Sachmerkmalleisten für alle technischen Dokumente einzuführen, um eine eigenschaftsorientierte Suche über mehrere Dokumentenfamilien hinweg zu ermöglichen.

5.3.2.2 Konfiguration

Die Administratoren des Systems können direkt in der IDWM-Oberfläche Dokumentenfamilien anlegen bzw. ändern. Neben der logischen Aufteilung in Dokumentenfamilien ist im Rahmen der Konfiguration der Begriff des *Dokumenttyps*, der das Ablageformat angibt, von Bedeutung. Ein Großteil der Dokumente in IDWM ist im Rasterbildformat TIFF (Tag Image File Format) abgelegt (z.B. technische Zeichnungen); hinzu kommen Formate wie WorldView (INA-EPK-Dokumente, vgl. Kapitel 5.5.2), Word (Textverarbeitungsdokumente, vgl. Abschnitt 5.5.5) oder E-Formulare (Datenblatt, Kalkulationshinweis; siehe Kapitel 5.4.3). Jedem Dokumenttyp ist ein bestimmtes Anzeigemodul, z.B. das System WorldView oder das FMS, zugeordnet. Eine Ausnahme bildet der Dokumenttyp *Folder*, um Dokumenten- bzw. Vorgangsmappen zu konfigurieren.

Die formatierten Datenbestände von IDWM und INCAS sind in einer UNIX-basierten relationalen Datenbank (INGRES) abgelegt, wohingegen die zentralen Anfrage-, Angebots- und Auftragsdaten sowie die Informationsbestände einiger einzubindender Programmsysteme (z.B. TIS) in Host-DB2-Datenbanken gespeichert sind.

5.3.3 Aufbauorganisation

5.3.3.1 Modellierung

Die Modellierung der Aufbauorganisation folgt strikt der Vorgabe, ausschließlich die workflow-relevanten Aspekte abzubilden. Für IDWM wurde daher ein Rollenkonzept gewählt, das wiederum auf den Aktivitäten des Workflows basiert, d.h., pro Aktivität gibt es eine gleichlautende Rolle. Jedem IDWM-Benutzer lassen sich eine oder mehrere dieser Rollen zuweisen. Dieser pragmatische Ansatz minimiert zum einen den Erfassungsaufwand, da man zunächst von den "klassischen" aufbauorganisatorischen Elementen (Bereich, Hauptabteilung, Abteilung etc.) absieht, und ermöglicht zweitens, IDWM durch variierende Zuordnungen von Benutzern zu Rollen in verschiedenen Pilotabteilungen zu testen. Bei einem unternehmensweiten Einsatz des Systems ist dieses Modell freilich auszubauen, indem u.a. ein grobes Abbild der Aufbauorganisation von INA hinzukommt [Wach94, S. 4 des Anhangs]. Fernziel ist die flexible Benutzerzuweisung mit Hilfe eines Filterkonzepts (vgl. Abschnitt 2.4.2.3).

5.3.3.2 Konfiguration

Auf Basis des für IDWM entwickelten konzeptionellen Schemas [Wach94, S. 14 f.] wurde in das DMS/WMS BusinessFlow eine Organisationsdatenbank integriert, die verschiedene Strukturierungsmerkmale bereithält (Benutzer, Rollen, Rechte, Positionen, Stellen, Organisationseinheiten, Kostenstellen). Über die benutzerfreundliche Schnittstelle der Organisationsdatenbank (Abbildung 5.3.3.2/1) lassen sich die IDWM-Benutzer und -Rollen konfigurieren.

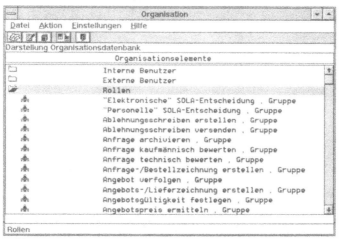

Abb. 5.3.3.2/1: Konfiguration der Organisationsdatenbank in IDWM

5.4 Bedienungssystematik

5.4.1 Überblick

Die Benutzungsoberfläche von IDWM (Abbildung 5.4.1/1) ist in die Bereiche Schreibtisch, Eingangspost, Ausgangspost, Wiedervorlage und Aufgabenliste unterteilt. Im "virtuellen" Schreibtisch legt man die aktuell in Bearbeitung befindlichen Dokumente, z.B. Retrievalergebnisse, ab. Die Bereiche Eingangs- und Ausgangspost des IDWM-Desktops beinhalten die durch Dokumentenversand empfangenen bzw. versandten Dokumente. Auf Wiedervorlage gesetzte Dokumente oder Vorgänge werden im gleichlautenden Bereich aufgelistet. Die zur Bearbeitung anstehenden Vorgänge des WMS sind schließlich in der Aufgabenliste (To-Do-Liste, Worklist) aufgeführt. Unter "Dokument" werden in IDWM "normale" Dokumente, Dokumentenmappen, Vorgangsmappen und Formulare subsumiert, wohingegen "Vorgang" einen aktuell vom System ausgeführten Workflow bezeichnet.

Abb. 5.4.1/1: IDWM - Benutzungsoberfläche

Die Menüleiste von IDWM ist in folgende Funktionsgruppen unterteilt:

- *Datei*: Die "Datei"-Optionen erlauben es, Dokumente und Vorgänge zu erzeugen bzw. zu initiieren. Die einzelnen Bereiche des Desktops (mit Ausnahme der Aufgabenliste) lassen sich leeren, speichern und laden.

- *Bearbeiten*: Der Bearbeiter kann die IDWM-Dokumente und -Vorgänge in den verschiedenen Bereichen des Desktops bearbeiten, d.h. anzeigen bzw. öffnen, drucken, klassifizieren, modifizieren, löschen (aus dem Desktop oder aus der Datenbank), archivieren (auf optischer Platte), versenden und auf Wiedervorlage setzen.

- *Suchen*: Die einheitliche Dokument-Retrievaloberfläche sowie die Möglichkeit, zu jedem Dokument die übergeordneten Mappen anzuzeigen, sind die wichtigsten Auswahlpunkte unter "Suchen".

- *Anwendungssysteme*: Über ein Auswahlmenü kann der Bearbeiter alle im Rahmen der Anfrage-/Angebotsabwicklung relevanten Programmsysteme aufrufen (vgl. Kapitel 5.5). Die Programmergebnisse lassen sich größtenteils als Dokument im IDWM-Schreibtisch ablegen.

- *Einstellungen*: Das Layout des Desktops (z.b. Spaltenreihenfolge und -breite) sowie weitere benutzerindividuelle Anpassungen sind hier vorzunehmen. Auch kann man die Sprache der kompletten Benutzungsoberfläche online zwischen deutsch und englisch wechseln.

- *Administration, Extras*: Diese Funktionen sind den Administratoren des Systems vorbehalten, u.a. um Dokumentenfamilien, die Organisationsdatenbank und das Layout von Formularen zu konfigurieren.

- *Hilfe*: Ein Hypertext-Hilfesystem über die Basisfunktionen des DMS/WMS BusinessFlow komplettiert die Menüleiste von IDWM.

Die wichtigsten Funktionen (z.B. Klassifikation anzeigen) lassen sich über "Smart Icons" direkt aktivieren (vgl. Abbildung 5.4.1/1). Sie beziehen sich i.d.R. auf das gerade aktivierte Element eines Desktop-Bereichs. Unterhalb der Smart-Icons-Leiste wird der angemeldete Benutzer angezeigt. Es folgt eine Erläuterungszeile mit den Spaltenüberschriften, die sich dem aktiven Bereich der Benutzungsoberfläche anpassen. Die Bezeichnung eines Objekts im Desktop läßt sich beliebig aus den Klassifikatoren zusammensetzen, so z.B. bei Dokumenten im Schreibtischbereich aus dem Dokumentnamen und bei Vorgängen in der Aufgabenliste aus der Vorgangsnummer sowie dem Kundennamen.

5.4.2   Dokumenten-Management

Über die Option "Suche -> Dokumente" bzw. das korrespondierende Icon erscheint ein Auswahlmenü mit den in IDWM verfügbaren Suchmasken (Abbildung 5.4.2/1). Es existieren pro Dokumentenfamilie eine Suchmaske sowie eine zusätzliche, "familienübergreifende" Retrievalmöglichkeit mit Hilfe der vier identischen Attribute (vgl. Kapitel 5.3.2.1). Man erkennt in Abbildung 5.4.2/1 beispielsweise die Suchmaske für die Dokumentenfamilie "Kundenkontaktbericht". Über "Drag & Drop" lassen sich die Suchergebnisse aus der Trefferliste in den Schreibtischbereich kopieren. Durch einen "Doppelklick", entweder in der Trefferliste der Suchmaske oder im Schreibtisch der Hauptmaske, wird das Dokument angezeigt, wobei

Abb. 5.4.2/1: Dokumentensuche in IDWM

IDWM je nach Dokumenttyp das entsprechende Anzeigemodul (z.B. FMS, TIFF-Anzeige-modul, WorldView, Word) aktiviert. Dokumenten- und Vorgangsmappen werden geöffnet, d.h. die enthaltenen Dokumente aufgelistet.

Den Benutzern von IDWM steht so ein einheitlicher Zugriffsmechanismus auf etwa 1 Mio. Dokumente verschiedenen Ursprungs und Typs (vgl. Kapitel 5.3.2) zur Verfügung. Zum Do-kumenten-Management zählen auch die übrigen Verarbeitungsmöglichkeiten, wie z.B. Scan-nen, Versenden, Archivieren, Löschen und Wiedervorlage, auf die hier nicht näher eingegan-gen wird.

5.4.3 Formular-Management

Das Formular-Management in IDWM basiert auf dem Prinzip, als Layout gescannte Original-formulare heranzuziehen und diese mit formatierten Eingabefeldern zu überlagern. Technisch gesehen sind Formulare ein Dokumenttyp und somit in die Dokumenten-Management-Funktionen (Suchen, Klassifizieren usw.) eingebunden.

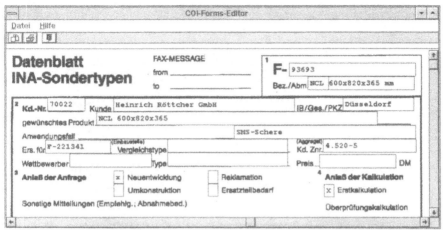

Abb. 5.4.3/1: Ausschnitt aus einem E-Formular "Datenblatt"

Die Vorgehensweise, E-Formulare dem Papieroriginal anzulehnen, bringt Vor- und Nachteile mit sich: Zum einen wird die Akzeptanz des Systems erhöht, da sich die Bearbeiter in ihren gewohnten Formularen "wiederfinden", zum anderen läuft man Gefahr, unlogisch aufgebaute Formblätter zu kopieren. In IDWM wurden die beiden zentralen Formulare des Angebotsprozesses, das Datenblatt (vgl. Abbildung 5.4.3/1) und der Kalkulationshinweis, mit Hilfe der Formular-Management-Komponente abgebildet. Andere Formblätter ließen sich durch konventionelle Eingabemasken wiedergeben. Freilich kann man diese nicht als persistente Objekte innerhalb des Dokumenten-Managements verwalten.

5.4.4   Workflow-Management

5.4.4.1   Schema

Abbildung 5.4.4.1/1 skizziert die Bedienungssystematik bei der Workflow-Bearbeitung. Auf Basis des Workflow-Scripts und der Organisationsdatenbank zur Rollenauflösung benachrichtigt IDWM betroffene Mitarbeiter durch Einträge in deren Aufgaben- bzw. To-Do-Listen über neu zu bearbeitende Vorgänge. Nach dem "Öffnen" eines Vorgangs - dieser verschwindet dann automatisch von den Aufgabenlisten der anderen benachrichtigten Benutzer ("Pull-Prinzip") - erscheint das Fenster zur Bearbeitung der aktuellen Vorgangsaktivität. Jede Aktivität unterteilt sich wiederum in eine oder mehrere Aktionen (vgl. Abschnitt 5.3.1.2), die mit dem Aufruf einer IDWM-Funktion (z.B. einer Dokumentensuchmaske) oder eines externen Anwendungssystems der Daten- oder Dokumentenverarbeitung verbunden sind. Die Programmergebnisse lassen sich durch verschiedene Integrationsmechanismen als Dokument in die Vorgangsmappe übertragen. Nachdem der Benutzer die Aktivität beendet hat, wird der Vorgang nach dem gleichen Schema weiter abgearbeitet.

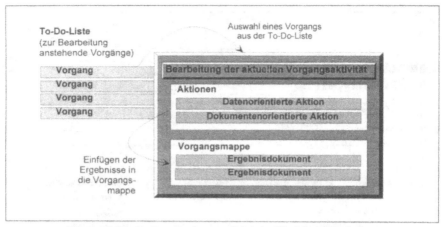

Abb. 5.4.4.1/1: Bedienungssystematik bei der Workflow-Bearbeitung

5.4.4.2 Workflow-Bearbeitung

Die Hauptmaske von IDWM mit einem Vorgang in der Aufgabenliste sowie einem geöffneten Aktivitätenfenster zeigt Abbildung 5.4.4.2/1. Pro Vorgang werden in der To-Do-Liste die Bezeichnung ("#63875, Maschinenfabrik Eimeldingen"), die zur Bearbeitung anstehende Aktivität ("Pflichtenheft erstellen") sowie der Vorgangstyp bzw. Prozeß ("Anfrage/Angebot") angezeigt. Das Aktivitätenfenster - aktiviert durch "Doppelklick" des Vorgangs in der To-Do-Liste - enthält im mittleren Teil die Aktionen. Die Ergebnisdokumente der mit den Aktionen verbundenen Programme bzw. IDWM-Funktionen gelangen durch speziell entwickelte Schnittstellenmechanismen (beispielsweise TIS, Abschnitt 5.5.4) oder durch "Drag and Drop" (siehe z.B. TADDY, Kapitel 5.5.3) in die Vorgangsmappe, die im unteren Abschnitt des Aktivitätenfensters zu sehen ist. Die Dokumente der Vorgangsmappe lassen sich durch "Doppelklick" anzeigen bzw. ändern, d.h., IDWM ruft das entsprechende Anzeige- bzw. Änderungsmodul parametriert auf.

Abb. 5.4.4.2/1: Aufgabenliste, Aktivitätenfenster, manuelle Steuerung

Das Workflow-Protokoll ist in der Klassifikationsdatei der Vorgangsmappe abgelegt, die über die Option "Vorgang -> Klassifikation" des Aktivitätenfensters abrufbar ist. Abbildung 5.4.4.2/2 zeigt beispielhaft ein solches Workflow-Protokoll, dessen Einträge im FLOWARE-Script (vgl. Kapitel 5.3.1.2) zu spezifizieren sind.

Abb. 5.4.4.2/2: Workflow-Protokoll

77

IDWM ermöglicht jederzeit während der Workflow-Bearbeitung, den aktuellen Prozeßfortschritt in Form eines Plan-/Ist-Vergleichs der Zeiten und Kosten anzuzeigen (Option "Bearbeitungsfortschritt", [Rauf96]).

5.4.4.3 Workflow-Routing

Der Anwender hat zwei Möglichkeiten, die Bearbeitung der Aktivität zu beenden und den Vorgang weiterzuleiten ("routen"): Zum einen läßt sich der Vorgang wie im Workflow-Script spezifiziert automatisch von IDWM weiterleiten (Schaltfläche "Aktivität beenden", siehe Abbildung 5.4.4.2/1), zum anderen kann man personell den nächsten Vorgangsschritt auswählen. Nach Aufruf der Option "Manuelle Steuerung" erscheint ein Menü mit allen Aktivitäten des Workflows (siehe Abbildung 5.4.4.2/1, rechts), so daß der Benutzer entscheiden kann, an welcher Stelle der Workflow fortzuführen ist. Die Berechtigung, den Vorgang manuell zu steuern, läßt sich an beliebige Elemente der Organisationsdatenbank (z.B. Rollen) koppeln. Durch dieses "Ausbrechen" erhöht sich die Flexibilität des Workflows erheblich, da man nicht starr an das im Workflow-Script hinterlegte Ablaufverhalten gebunden ist.

Neben dem Verzweigen innerhalb des Workflows ist es jederzeit möglich, die Vorgangsmappe als E-Dokument außerhalb der Kontrollsphäre der Workflow-Komponente zu versenden. So lassen sich weitere Stellen, z.B. Vorgesetzte bei Ausnahmesituationen, vom Vorgangsfortschritt und den bisherigen Ergebnissen informieren. Bei extremen Ausnahmesituationen kann man auf diesem Weg den Vorgang auch komplett der Steuerung durch das Workflow-System entziehen.

Auch wird es - gerade in der Einführungsphase - vorkommen, daß Mitarbeiter die Dokumente der Vorgangsmappe ausdrucken und papiergestützt bearbeiten sowie weiterleiten. In diesem Fall ist dafür Sorge zu tragen, daß dem WMS die Ergebnisse der "offline" bearbeiteten Aktivitäten mitgeteilt werden, daß also kein "hängender" Vorgang im WMS vorliegt (falls doch, sind diese durch die Controlling-Komponente kenntlich zu machen). Dies gelingt in IDWM beispielsweise, indem man die papiergestützten Prozeßschritte im WMS durch personelles Routen überspringt, sich bei einer Aktivität - z.B. der Vorgangsarchivierung - wieder "einklinkt", die Ergebnisdokumente etwa durch Scannen in das System einbringt und den Vorgang mit dem WMS weiterführt bzw. beendet.

Freilich entsteht die Gefahr der mangelnden Ordnung bei übermäßigem Ausbrechen vom Standard-Workflow. Ein ausgewogenes Verhältnis zwischen "Dynamik" und "Statik" der Ablaufstruktur läßt sich erst durch Erfahrungen im laufenden Betrieb des WMS erzielen. Es empfiehlt sich, zunächst viele Freiheiten zu lassen, um im Laufe der Zeit einen stabilen Workflow durch die Analyse der Ausnahmesituationen zu gewinnen. Die "Ausbruchsmöglichkeiten", die mit der Gefahr von Inkonsistenzen verbunden sind (z.B. falls nach einer erneuten Ermittlung des Deckungsbeitragsfaktors die Preisbildung "übersprungen" wird), sind anschließend gezielt einzuschränken. Im Idealfall unterstützt das WMS diesen Lernprozeß (siehe Kapitel 6).

5.4.4.4 Automation

Verschiedene Automationsgrade lassen sich für die in den beiden vorangegangenen Kapiteln beschriebenen Hauptaufgaben eines Workflow-Management-Systems - Bearbeitung und Routing - unterscheiden. Abbildung 5.4.4.4/1 zeigt eine einfache Systematik:

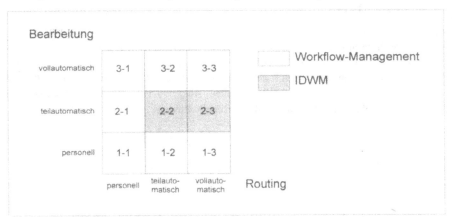

Abb. 5.4.4.4/1: Bearbeitung und Routing - Automationsgrade

Personelles Routing steht für ein Weiterleiten der Vorgangsmappe durch den Bearbeiter. Unterstützt das System bei der Auswahl der nächsten Aktivität und des zugehörigen Bearbeiters, so läßt sich von teilautomatischem Routing sprechen. Beispielsweise kann das WMS alle bzw. die als nächstes in Frage kommenden Aktivitäten in einer Auswahlliste präsentieren. Vollautomatisch bedeutet, daß das System ohne Einwirken des Bearbeiters die nachfolgende Aktivität bzw. Bearbeitungsstelle selektiert.

Die gleichen Automationsstufen kann man bei der Bearbeitung einer Aktivität unterscheiden. Auch hier bedeutet "personell", daß das System nicht bei der Auswahl und dem Aufruf von Anwendungssystemen unterstützt. Das WMS als Zugangssystem zu verschiedenen Programmen - etwa durch Aufrufmechanismen und Parameterweitergabe - ist der zweiten Kategorie zuzurechnen (teilautomatisch). Um Vollautomation handelt es sich, wenn der Mensch nicht mehr in die Bearbeitung eingreift, da das WMS die notwendigen Programme selbst aktiviert und diese ohne Dialogverarbeitung auskommen.

Freilich läßt sich erst von Workflow-Management sprechen, wenn ein System teil- oder vollautomatische Routing-Funktionen bereitstellt (Spalten zwei und drei; vgl. Abbildung 5.4.4.4/1). IDWM ist in den Quadranten 2-2 und 2-3 anzusiedeln, da es zum einen als Zugangssystem zu zahlreichen Programmsystemen die Bearbeitung teilautomatisiert (vgl. Konzept der Aktionen in Kapitel 5.4.4.2) und zum anderen das voll- und teilautomatische Routing (vgl. Abschnitt 5.4.4.3) zuläßt.

In der Einführungsphase beginnt man oft mit personellem Routing, um dann schrittweise die Steuerung dem WMS zu überlassen. Der Automationsgrad kann jedoch auch wieder zurückgenommen werden, z.B. wenn man ein zu starres Ablaufverhalten des Workflows festgestellt hat und den Mitarbeitern wieder die Ablaufkontrolle überträgt. Bei der Bearbeitung wird der Automationsgrad i.d.R. stetiger verlaufen, da es das Ziel ist, sukzessive Anwendungssysteme an das WMS anzubinden.

Abbildung 5.4.4.4/2 veranschaulicht die Automationsgrade einer möglichen WMS-Einführungsphase in Form von Funktionsgraphen. Abgebildet ist eine Startphase, in der man ohne "Ausreißer" nach und nach Programme eingebunden hat (durchgängige Linie). Beim Routing vertraute man zunächst auf die rein personelle Lösung, um dann in eine Testphase mit teilautomatischem Weiterleiten umzuschalten. Aufgrund von Akzeptanzhürden bei den Mitarbeitern wählte man jedoch wieder das personelle Routing.

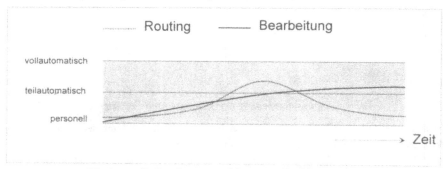

Abb. 5.4.4.4/2: Bearbeitung und Routing - Einführungsphase

IDWM bietet gute Voraussetzungen, möglichst flexibel auf geänderte Automationswünsche zu reagieren, zum einen aufgrund verschiedener Routing-Mechanismen und zum anderen wegen der "meilensteinorientierten" Philosphie, d.h., nicht der Weg, wie man zu einem Aktivitätenergebnis gelangt, ist wichtig, sondern nur das Ergebnis selbst (vgl. Kapitel 5.3.1.1). Je nach Bedarf kann der Bearbeiter im Rahmen einer Aktivität entscheiden, ob er die vom WMS im Sinne eines Zugangssystems angebotenen Anwendungssysteme heranzieht, oder ob er die notwendigen Ergebnisse (z.B. eine Einzelteilkalkulation) personell erbringt.

5.5   Integrierte Anwendungssysteme

Die nachfolgende Beschreibung der integrierten Anwendungssysteme gliedert sich entsprechend der überblicksartigen Darstellung von IDWM in Abbildung 5.2.4/1.

5.5.1   INCAS - Kundenkontakterfassung

5.5.1.1   Überblick

Das Programm INCAS (**INA** - Computer Aided Selling) unterstützt die INA-Ingenieurbüros bei der strukturierten Erfassung von Kundenkontakten, wie z.b. Anfragen, Reklamationen und Preisverhandlungen. Zu diesem schon seit einigen Jahren im Einsatz befindlichen System wurde eine Schnittstelle konzipiert und realisiert [Gunz94, S. 32 ff.], die aus neu erfaßten INCAS-Anfragen Workflows in IDWM anstößt und die Vorgangsmappe teilweise vorbelegt. Es ließen sich jedoch einige Schwachstellen des "alten" INCAS feststellen, wie unübersichtliche, verschachtelte Menüstrukturen, Restriktionen bei der Anfrageerfassung (z.b. maximal vier verschiedene Stückzahlen pro Anfrageposition), keine komplette Übernahme der INCAS-Daten in den Workflow, keine Möglichkeiten der Dokumentenerfassung und schließlich eine veraltete Benutzungsoberfläche.

Aufgrund der funktionalen Mängel und überaus komplizierten Schnittstellen zu IDWM sah man von einer INCAS-Erweiterung auf Basis der bisherigen Plattform (DOS, Programmiersprache Clipper) ab und entschloß sich zu einer Neuentwicklung in der Programmiersprache OEL, die auch dem DMS/WMS BusinessFlow zugrunde liegt (vgl. Abschnitt 5.2.2). Dies steht im Einklang mit der grundsätzlichen Entscheidung des Kooperationspartners, alle neuen Desktop-Applikationen in dieser Sprache zu entwickeln. In einem Pilotprojekt wurde ein neues INCAS konzipiert und realisiert [Grah95] mit der Zielsetzung,

- Dokumente und Daten von Kundenkontakten integriert zu erfassen,

- INCAS-Informationen einer Kundenanfrage für Sonderlager unmittelbar und komplett in den Angebotsprozeßworkflow von IDWM sowie in weitere Applikationen (z.B. TADDY) zu übernehmen und

- dem Benutzer die Erfassung von Kundenkontakten durch eine flexible und übersichtliche Menü- und Eingabemaskenstruktur zu erleichtern.

Die Funktionalität des neuen INCAS konzentriert sich zunächst auf die Verwaltung von Kundenanfragen, berücksichtigt jedoch in der Bedienungssystematik und der Datenstruktur zusätzliche Kontaktthemen (z.B. Reklamationen, vgl. eine mögliche Berichtsstruktur in [Step90, S. 14 f.]), so daß der Prototyp leicht erweiterbar ist. Das System bietet somit die Chance, bewährte Funktionen aus dem alten INCAS zu übernehmen und Verbesserungen zu integrieren.

INCAS[9] ist sowohl für den Einsatz auf portablen Computern der Außendienstmitarbeiter "vor Ort" beim Kunden als auch für den stationären Einsatz in den Ingenieurbüros geeignet.

5.5.1.2 Funktionen

Abbildung 5.5.1.2/1 schematisiert die Menüstruktur von INCAS. Ausgangspunkt der Bearbeitung ist eine nach verschiedenen Kriterien (z.b. Kunde, Erfasser) sortierbare Übersicht der Kundenkontakte. Aus dieser Liste heraus kann sich der Außendienstmitarbeiter bestehende Kontakte anzeigen lassen bzw. einen neuen anlegen. So liegt es z.b. nahe, zur Gesprächsvorbereitung die letzten Zusammenkünfte mit dem Kunden nochmals Revue passieren zu lassen.

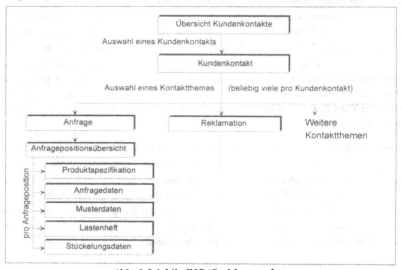

Abb. 5.5.1.2/1: INCAS - Menüstruktur

Die Bildschirmmaske zur Erfassung bzw. Anzeige eines Kundenkontakts ist in Abbildung 5.5.1.2/2 (Mitte) zu sehen. Über die bereits vorbelegten Felder (Ansprechpartner, Kunde, Datum und Erfasser) hinaus ist die Kontaktart (z.B. Besuch beim Kunden, Telefonat, Besuch des Kunden im Hause) zu spezifizieren. Des weiteren läßt sich ein Textdokument mit Hintergrundinformationen (linke Seite in Abbildung 5.5.1.2/2) ablegen, wie etwa Neuigkeiten bzgl. eines Mitbewerbers ("Ohr am Markt") oder auch Hinweise auf persönliche Themen, die beim nächsten Gespräch wieder aufzugreifen sind.

---

[9] Nachfolgend bezeichnet INCAS den neu entwickelten Prototyp.

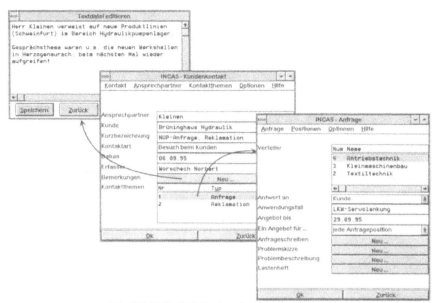

Abb. 5.5.1.2/2: INCAS - Kundenkontakt, Anfrage

Hat ein Kundenkontakt weitere, detailliert zu erfassende Themen zum Inhalt, z.B. eine Anfrage oder Reklamation, so finden sich diese im unteren Teil "Kontaktthemen" der Maske "INCAS-Kundenkontakt". Eine Kundenanfrage bezieht sich auf einen Anwendungsfall des Kunden und besteht aus mindestens einer Anfrageposition. In Abbildung 5.5.1.2/2 ist rechts die Einstiegsmaske für eine Anfrage zu sehen, in der zunächst alle von den einzelnen Anfragepositionen unabhängigen Informationen zu erfassen sind. So wird u.a. spezifiziert, ob der Kunde ein Komplettangebot für den Anwendungsfall wünscht oder ob für jede Position ein gesondertes Angebot zu erstellen ist. Über einen Verteilerschlüssel kann der Außendienstmitarbeiter festlegen, welche Benutzer IDWM nach Freigabe der Anfrage zu informieren hat. Neben formatierten Daten lassen sich über die Optionen im unteren Teil des Anfragefensters auch Dokumente generieren bzw. erfassen. So ist es z.B. möglich, Skizzen oder technische Zeichnungen des Kunden zu scannen und evtl. nachzuarbeiten oder auch Lagerentwürfe mit einem einfachen CAD-System "vor Ort" zu konstruieren. Des weiteren lassen sich eine Problembeschreibung und ein erstes, unstrukturiertes Lastenheft einbringen.

Aus der Anfragemaske gelangt man zur Positionsübersicht (Abbildung 5.5.1.2/3, unten links). Dort findet sich im oberen Teil eine Liste, die pro Posten das gewünschte Produkt und den Lagertyp (Standardlager oder Sonderlager) anzeigt. Eine "Checkliste" verschafft dem Außendienstmitarbeiter einen Überblick zu den bereits eingegebenen Detailinformationen einer Position (Produktspezifikation, Anfragedaten, Musterdaten, Lastenheft, Stückelungsdaten), die sich über die Menüleiste der Übersichtsfensters auswählen lassen.

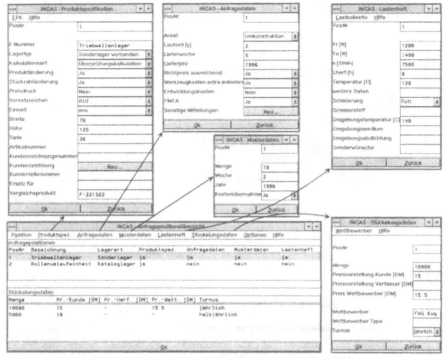

Abb. 5.5.1.2/3: INCAS - Anfragepositionsübersicht und Detailinformationen

Im Mittelpunkt steht die Eingabe der technischen Produktspezifikation (Abbildung 5.5.1.2/3, links oben), in der u.a. festgelegt wird, ob es sich um ein Standardlager oder eine Sonderlagerneu- bzw. -umkonstruktion handelt. Auch hat man hier die Möglichkeit, Kundenzeichnungen zu einer Anfrageposition zu erfassen (vgl. Workflow-Anwendungsbeispiel, Kapitel 5.6.1). Je nachdem, welche Systeme und Dokumente auf dem Notebook des Mitarbeiters bzw. im Ingenieurbüro installiert sind, kann die Produktspezifikation z.B. durch Recherchen im Elektronischen Produktkatalog INA-EPK (Abschnitt 5.5.2) und in der Know-how-Datenbank TADDY (Kapitel 5.5.3) unterstützt werden.

Unter Anfragedaten versteht man weitere anfragespezifische Informationen, die z.T. Auswirkungen auf die spätere Aktivitätenreihenfolge im Workflow haben. So kann etwa angegeben werden, ob der Kunde eine FMEA wünscht und ob die Werkzeugkosten getrennt anzubieten sind.

Es folgen die Musterdaten und das Lastenheft mit detaillierten technischen Anforderungen an das Produkt. Schließlich gilt es noch, die Stückelungsdaten zu erfassen (Abbildung 5.5.1.2/3, rechts unten), von denen pro Anfrageposition beliebig viele spezifizierbar sind. Wesentliche Daten sind die gewünschten Mengen in einem bestimmten Produktionsturnus (z.B. halbjähr-

84

lich), Preisvorstellungen und relevante Wettbewerber. Die Stückelungsdaten der aktuell ausgewählten Position werden im unteren Teil der Übersichtsmaske angezeigt.

Nachdem der Mitarbeiter die Anfrage erfaßt und freigegeben hat, werden im Fall von Sonderlagerpositionen die entsprechenden Workflows in IDWM getriggert (siehe Abschnitt
5.5.1.3). Anschließend kann er im Rahmen des aktuellen Kundenkontakts weitere Themen,
z.B. eine zusätzliche Anfrage zu einem anderen Anwendungsfall oder auch eine Reklamation,
aufnehmen.

5.5.1.3 Integration

Die Integrationsaspekte von INCAS sind vielschichtig. Im Mittelpunkt steht die Schnittstelle,
die aus einer Kundenanfrage einen oder mehrere Workflows in IDWM anstößt und die entsprechenden Vorgangsmappen mit INCAS-Informationen vorbelegt ("workflow initiating
application").

Eine INCAS-Anfrage bezieht sich auf einen Anwendungsfall mit einem oder mehreren Stan-
dard- und/oder Sonderlagern. Umfaßt die Anfrage ausschließlich Standardlager, so erstellt der
Außendienstmitarbeiter das Angebot direkt beim Kunden bzw. im Außendienstbüro. Finden
sich in den einzelnen Anfrageposten nur Sonderlager oder sowohl Standard- als auch Sonderlager, so ist zu unterscheiden, ob der Kunde ein Komplettangebot für den Anwendungsfall
oder pro Position ein Angebot wünscht (vgl. Abbildung 5.5.1.2/2). INCAS stößt pro Sonder-
lager-Anfrageposition einen Workflow an, den IDWM unabhängig von den anderen Posten
bis hin zum Angebot bzw. zur Angebotsablehnung abarbeitet. Um den Fall des Komplett-
angebots abzudecken, ist der Workflow bei den Aktivitäten, die sich auf den Anwendungsfall
im ganzen beziehen (z.B. Entscheidung durch elektronischen Sonderlagerausschuß), durch
Synchronisationsmechanismen (z.B. Dokumenten-Rendezvous) zu erweitern. Die Problematik
verliert jedoch insofern an Schärfe, als der überwiegende Teil der Sonderlageranfragen nur
eine Anfrageposition enthält.

Die Klassifikation und Struktur der Vorgangsmappe wie auch der Initial-Dokumente bzw.
-Formulare werden durch INCAS automatisch vergeben bzw. generiert. Abbildung 5.5.1.3/1
zeigt, welche direkt in INCAS erfaßten Dokumente in die Vorgangsmappe übernommen werden (Kundenkontaktbericht, Anfrageschreiben, Problemskizze usw.). Hinzu kommt das
E-Formular "Datenblatt", dessen Eingabefelder INCAS vorbelegt. Unterschieden wird zwischen der Anfragemappe, die alle von den Positionen unabhängigen Dokumente enthält, und
einer oder mehreren Anfragepositionsmappen, die schließlich im Rahmen von IDWM als
Vorgangsmappen weitergeleitet werden. Im linken Teil von Abbildung 5.5.1.3/1 erkennt man
die Mappenstruktur für den Fall mehrerer Sonderlagerpositionen. Falls die Anfrage nur ein
Sonderlager umfaßt, so werden auch die Dokumente des Anwendungsfalls in die Anfragepositionsmappe integriert (rechte Hälfte von Abbildung 5.5.1.3/1).

Anfrage mit mehreren Sonderlagern	*Anfrage mit einem Sonderlager*
🗁 Anfragemappe	🗁 Anfragemappe
📄 Kundenkontaktbericht	🗁 Anfragepositionsmappe
📄 Anfrageschreiben	📄 Kundenkontaktbericht
📄 Problemskizze	📄 Anfrageschreiben
📄 Problembeschreibung	📄 Problemskizze
📄 Lastenheft	📄 Problembeschreibung
🗁 Anfragepositionsmappe	📄 Lastenheft
📄 Kundenzeichnung	📄 Kundenzeichnung
📄 Datenblatt	📄 Datenblatt
🗁 Anfragepositionsmappe	
• • • •	

Abb. 5.5.1.3/1: Struktur der durch INCAS erzeugten Vorgangsmappen

Die INCAS-Informationen beeinflussen auch das Ablaufverhalten des Workflows. So wird z.B. die Aktivität "Konstruktions-FMEA erstellen" (siehe Tabelle 5.3.1.1/1) nur ausgeführt, wenn dies explizit in INCAS spezifiziert wurde (vgl. Maske "Anfragedaten" in Abbildung 5.5.1.2/3). Einige INCAS-Dokumente finden zudem Eingang in andere Anwendungssysteme; so wird z.B. im Rahmen der Angebotsarchivierung die Problembeschreibung und -skizze als Bestandteil einer neuen TADDY-Anwendungslösung vorgeschlagen (siehe Anwendungsbeispiel, Abschnitt 5.6.15).

Sukzessive erhalten alle Ingenieurbüros bei INA direkten Zugriff auf das DMS/WMS-Produktivsystem in Herzogenaurach, so daß sich dann die Chance bietet, das alte gegen das neue INCAS "auszutauschen". INCAS verwendet einige Stammdaten (z.B. Kunden, Anfragen, Angebote), die, ebenso wie die Indexdaten von IDWM, in der relationalen UNIX-Datenbank INGRES abgelegt werden. Die INCAS-Stammdaten sind daher periodisch mit den Host-Datenbanken abzugleichen, um die Konsistenz zu wahren. Die Rolle eines WMS als "stabiles Rückgrat" der IV-Unterstützung eines Prozesses läßt sich anhand von INCAS darstellen: Sowohl das "alte" als auch das "neue" INCAS sind integriert, so daß man zum gegebenen Zeitpunkt in ausgewählten Ingenieurbüros den "Schalter" von alt auf neu setzen kann. Ziel sollte es sein, INCAS als zentrales Auskunftssystem nicht nur für Anfragen, sondern auch für Angebote und Kundeninformationen auszubauen.

Weitere Integrationsherausforderungen ergeben sich insbesondere aus dem Aspekt des "Mobile Computing", d.h., der Außendienstmitarbeiter überspielt einen Ausschnitt der IDWM- und INCAS-Informationen (Aufgabenlisten, Dokumente etc.) vor dem Kundenbesuch auf sein Notebook und modifiziert bzw. generiert Informationen "vor Ort". Nachdem er INCAS im Ingenieurbüro wieder an IDWM angekoppelt hat, ist für eine konsistente Übernahme der Daten in das DMS/WMS zu sorgen.

5.5.2 INA-EPK - Elektronischer Produktkatalog

5.5.2.1 Überblick

Die INA Wälzlager Schaeffler KG bietet ihre Standardprodukte in einer Reihe unterschiedlicher Papierschriften an: "Kataloge", "Druckschriften" und "Technische Produktinformationen". Kataloge informieren umfassend über einen Bereich der Wälz- oder Gleitlagertechnik. Sie enthalten Produktbeschreibungen mit Maßtabellen sowie Hinweise über das Auslegen, den Ein- und Ausbau und die Wartung der Lager. Druckschriften erläutern spezielle INA-Produkte oder greifen einen Katalogbereich heraus. Technische Produktinformationen geben detailliert Auskunft über Lager mit besonderen Eigenschaften, Ein- und Ausbau, Wartung sowie Anwendungen. Etwa sechs Kataloge, 50 Druckschriften und ebenso viele Technische Produktinformationen enthalten das komplette Standardlagerprogramm der INA.

Die Vorteile eines EPK [z.B. MeBr94] gegenüber der papierbasierten Version sind evident: geringerer Raumbedarf, vielfältige Möglichkeiten der Produktselektion und -präsentation, höhere Aktualität und Integration in die betriebliche IV. Insbesondere bei Kundenbesuchen ist es für den INA-Außendienstmitarbeiter unmöglich, die umfangreichen Papierschriften mit sich zu führen. Man entschloß sich daher, die papiergestützte Produktpräsentation sukzessive durch einen bzw. mehrere EPK zu ersetzen. Folgende Anforderungen waren zu erfüllen:

- Koexistenz von papierbasiertem und Elektronischem Produktkatalog, da eine Umstellung in einem Schritt nicht möglich wäre

- Einsatz auf mobilen Notebook-Computern als Stand-alone-Version

- Integration in die Workflow-Anwendung IDWM

Aus diesen Anforderungen heraus wurde im Rahmen des IDWM-Projekts der Elektronische Produktkatalog INA-EPK entwickelt [Hoff95], der die Druckschrift PSF (Profilschienenführungen), ein Ausschnitt der INA-Baugruppe Linearführungen/Lineareinheiten, enthält.

Alle Produktkataloge der INA werden mit dem Desktop-Publishing-System (DTP-System) Interleaf erstellt. Als Entwicklungsplattform für den INA-EPK kam das Hypertextsystem WorldView zum Einsatz, da es mit diesem System gelingt, ohne allzu großen Aufwand, d.h. durch einige Konvertierungen und Formatumwandlungen, aus einem Papierkatalog auf Basis von Interleaf das elektronische Pendant zu erzeugen. Somit ist der ersten o.g. Anforderung Genüge getan. Weiterhin läuft WorldView auf mehreren Plattformen, z.B. unter MS-Windows oder HP-UX, so daß der INA-EPK auch auf mobilen Notebook-Computern eingesetzt werden kann. Schließlich bietet WorldView programmierbare Schnittstellen an, die eine Integration des INA-EPK in IDWM erlauben.

5.5.2.2 Funktionen

Der INA-EPK präsentiert sich nach dem Aufruf mit einer Übersicht, die die Struktur des Kataloges widerspiegelt (Abbildung 5.5.2.2/1). In der linken Hälfte sind die Hypertext-Querverweise zu den einzelnen Kapiteln der technischen Grundlagen (etwa 50 Seiten) zu sehen; rechts erkennt man die Abschnitte mit den Baureihen (z.B. Rollenumlaufeinheit RUE). Im unteren Teil jedes Dokuments wird die Option "Inhalt" angeboten, die es über eine hierarchische Anordnung aller EPK-Seiten erlaubt, bestimmte Dokumente direkt anzusteuern. Darüber hinaus gehören ein Index sowie eine Tabelle mit den Kurzzeichen (z.B. KUSE = sechsreihige Kugelumlaufeinheit) zu den Standardoptionen.

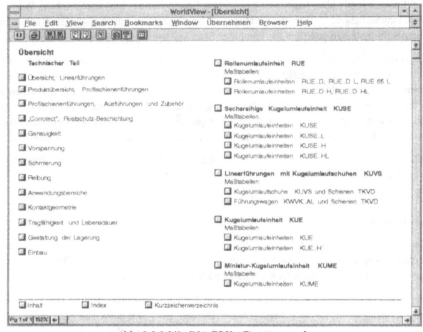

Abb. 5.5.2.2/1: INA-EPK - Einstiegsmaske

Verzweigt man von der Übersichtsmaske beispielsweise zur Baureihe RUE, so wird diese wie in Abbildung 5.5.2.2/2 präsentiert. Der Anwender kann nun innerhalb der Baureihe "weiterblättern" oder über die Hypertextlinks der unteren Bildschirmleiste zu den Detailinformationen (z.B. Varianten RUE und Zubehör RUE) verzweigen.

In der oberen Leiste jedes Dokuments sind Icons mit den wichtigsten Funktionen des INA-EPK angebracht. Die Volltextsuche ermöglicht es, nach beliebigen, auch logisch verknüpften Textfolgen (z.B. "Anziehdrehmoment" UND "Führungsschiene") im gesamten INA-EPK zu suchen. Die Textsuche hingegen beschränkt sich auf das aktuelle EPK-Dokument, das auch mehrere Seiten umfassen kann. Des weiteren lassen sich Notizen in Form von Fließtexten an jedes Dokument anbringen. "Elektronische Lesezeichen" erleichtern die Navigation im INA-EPK; über die Funktion "Lesezeichenliste" wird dem Anwender eine Liste der so markierten Dokumente angezeigt, zu denen er direkt verzweigen kann.

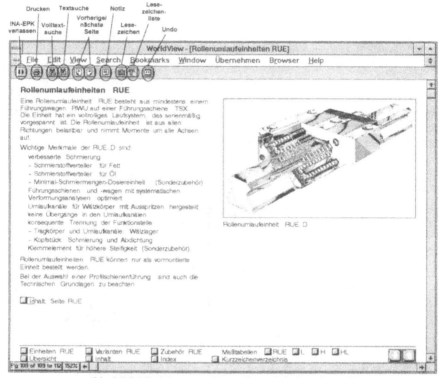

Abb. 5.5.2.2/2: INA-EPK - Darstellung der Baureihe RUE

Dieser kleine Ausschnitt des INA-EPK deutet die ansprechende Präsentation von Produkten und weitergehenden technischen Informationen an. Dem Anwender stehen flexible Navigationsmöglichkeiten zur Verfügung: Zum einen kann er über beliebige Einstiegspunkte explorativ nach einem gewünschten Produkt suchen, zum anderen gezielt ganz bestimmte Seiten ansteuern (z.B. über das Inhaltsverzeichnis). Der INA-EPK wurde als Stand-alone-Version ausgewählten Ingenieurbüros und Kunden auf CD-ROM zur Verfügung gestellt. Aufgrund der positiven Resonanz entschloß sich der Industriepartner, über den ersten INA-EPK mit einem Ausschnitt der Baugruppe "Linearführungen/Lineareinheiten" (ca. 1.000 Dokumente) hinaus auch die restlichen Kataloge, Druckschriften und Technischen Produktinformationen entsprechend umzustellen.

5.5.2.3 Integration

IDWM soll als übergeordnetes Suchwerkzeug (vgl. Abschnitt 2.3.2) möglichst viele Dokumentenbestände, d.h. auch die INA-EPK-Dokumente, integrieren. Hieraus ergibt sich der Vorteil, daß neben der explorativen und gezielten Recherche im EPK die Klassifikations- und Suchmöglichkeiten von IDWM herangezogen werden können.

Die INA-EPK-Dokumente wurden daher als Dokumentenfamilie und das Anzeigemodul WorldView als Dokumenttyp in IDWM konfiguriert. Zunächst galt es, ein Klassifikationsschema für die Dokumentenfamilie zu entwerfen. Hierfür bot sich der Einsatz einer Sachmerkmalleiste an, mit der man eine einheitliche, eigenschaftsorientierte Klassifikation aller produktbezogenen Daten und Dokumente anstrebt [EiHi91, S. 101 ff.]. Bei INA hat man eine solche Sachmerkmalleiste entworfen, die auf Baugruppen- und Baureihenebene nominelle sowie auf Produktebene zusätzlich metrische Merkmale umfaßt. Da Abmessungen und weitere Zahlenangaben im INA-EPK in einer Produktbeschreibung zusammengefaßt sind, wurden nur die nominellen Merkmale herangezogen. Dies sind für die Baugruppe Linearführungen/Lineareinheiten ca. 60 Stück, die etwa 150 Produkten und Zubehörteilen zugewiesen werden. Abbildung 5.5.2.3/1 zeigt einen Ausschnitt der Sachmerkmalleiste.

Sachmerkmale / Produkte	Kugelumlaufführungen	Rollenumlaufführungen	zweireihige Linearführung	sechsreihige Linearführung	lange Ausführung	niedrige Ausführung	normale Ausführung	allseitig abgedichtet	nachschmierbar	wälzgelagert	für Ölschmierung	für Fettschmierung	Befestigung von unten möglich	Befestigung von oben möglich
KUE	X	X					X	X	X	X	X	X	X	X
KUE..L	X	X	X				X	X	X	X	X	X	X	X
KUE..H	X	X					X	X	X	X	X	X	X	X
....														

Legende: KUE=Kugelumlaufeinheit, ..L=Führungswagen in langer Ausführung,
..H=Führungswagen in hoher, schmaler Ausführung

Abb. 5.5.2.3/1: Ausschnitt der Sachmerkmalleiste

Neben den Sachmerkmalen sind die EPK-Dokumente, wie alle anderen Dokumente in IDWM, mit den Feldern Nummer, Name, Datum und Stichwort klassifiziert. Diese Attribute orientieren sich am INA-EPK, d.h., die sprechenden Nummern und Überschriften der EPK-Seiten sowie das Erstellungsdatum wurden herangezogen. Abbildung 5.5.2.3/2 verdeutlicht, wie sich die Indizierung in der IDWM-Suchmaske für INA-EPK-Dokumente niederschlägt.

Abb. 5.5.2.3/2: IDWM-Suchmaske für INA-EPK-Dokumente

Der Benutzer hat zunächst die Möglichkeit, die gewünschte Baugruppe zu wählen. Die Sachmerkmale dieser Gruppe finden sich im darunterliegenden Bereich. Durch Anklicken eines Tabellenelements kann man die zur Suche gewünschten Merkmale selektieren; sie erscheinen dann unter "ausgewählte Sachmerkmale". Abbildung 5.5.2.3/2 zeigt, wie der Benutzer Kugelumlaufführungen aus der Baugruppe Linearführungen/Lineareinheiten in langer Ausführung sucht, die allseitig abgedichtet und nachschmierbar sind. Die gefundenen INA-EPK-Objekte werden in der Trefferliste angezeigt, wobei die Dokumente einer Baureihe in einer Mappe zusammengefaßt sind. Über "Drag & Drop" läßt sich ein Element der Trefferliste in den IDWM-Schreibtisch übernehmen. Durch "Doppelklick", z.B. auf das Objekt "Führungsschiene TKSD, KUSE", wird der INA-EPK parametriert aufgerufen, so daß das entsprechende Dokument direkt erscheint (Abbildung 5.5.2.3/3).

Nun kann der Bearbeiter im INA-EPK navigieren und beliebige Dokumente durch die Auswahl "Übernehmen -> IDWM" (vgl. Abbildung 5.5.2.3/3) wiederum in den Schreibtischbereich von IDWM einfügen (Abbildung 5.5.2.3/4). Wird der INA-EPK aus der Workflow-Bearbeitung heraus aktiviert, so finden sich die übernommenen Dokumente nicht im IDWM-Schreibtisch, sondern in der Vorgangsmappe.

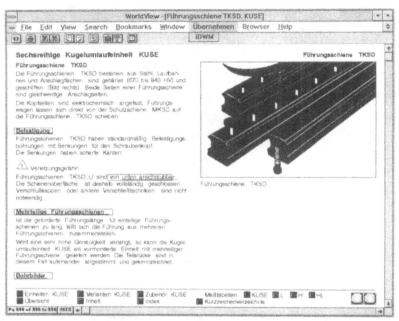

Abb. 5.5.2.3/3: INA-EPK - Anzeige der Führungsschiene TKSD

Die Integration des INA-EPK in IDWM bietet die Chance, erweiterte Suchmöglichkeiten, hier vor allem die Sachmerkmalleiste, zu implementieren, ohne die Applikation selbst zu verändern. Ziel muß es sein, auch die elektronischen Versionen weiterer Kataloge, Druckschriften und Technischer Produktinformationen in IDWM zu integrieren, um so zu einer einheitlichen Zugriffsoberfläche auf alle Dokumente des INA-Standardlagersortiments zu gelangen.

	IDWM - Integriertes Dokumenten- und Workflow-Management - INA Herzogenaurach		
Datei	Bearbeiten Suchen Anwendungssysteme Einstellungen Administration Extras Hilfe		
Benutzer : Schardt Robert angemeldet, Rechte : siehe Benutzerprofil			
	Bezeichnung	Familie	Typ
	Schreibtisch		
	Führungsschiene TKSD, KUSE	INA-EPK-Dokument	Worldview Dokument
	Eingangspost		
	Ausgangspost		
	Wiedervorlage		
	Aufgabenliste		
	#63875, Maschinenfabrik Eimeldingen	Pflichtenheft erstellen	Anfrage/Angebot

Abb. 5.5.2.3/4: IDWM-Schreibtisch nach Übernahme des INA-EPK-Dokuments

5.5.3 TADDY - Know-how-Datenbank

5.5.3.1 Überblick

Weniger der Verkauf von Produkten als vielmehr der Beitrag zu einer integrierten Dienstleistung bzw. Anwendungslösung steht bei vielen Investitionsgüterherstellern im Vordergrund. Bei der INA Wälzlager Schaeffler KG zeigt sich dies an der großen Anzahl von Sonderanfertigungen, die das Katalogprogramm ergänzen. Das bei kundenindividueller Fertigung erworbene Know-how ist zumindest teilweise von Angebot zu Angebot übertragbar. Daher stellt sich die Frage, wie man dieses "Erfahrungswissen", das sich i.d.R. auf zahlreiche Personen bzw. über verschiedene Niederlassungen verteilt, systematisch erfassen, speichern und wieder abrufen kann. Unter dem Stichwort "Know-how-Datenbanken" hat man schon vor einiger Zeit Konzepte und prototypische Realisierungen zur IV-Lösung dieses Problems entwickelt [MaGr84]. Steppan entwarf speziell für INA das System TADDY (Technical Applications Documentation and Decision System) [StMe90, S. 144 f.; Step90, S. 77 ff.], das jedoch aufgrund technischer Restriktionen und mangelnder Integration über den prototypischen Test hinaus nicht zum Einsatz kam.

In jüngerer Zeit wird die Diskussion um qualitatives Erfahrungswissen in Unternehmen durch Begriffe wie "Organizational Memory", "Cooperate Memory" und "Technological Knowledge" geprägt [z.B. RaGo95; Bohn94; WaUn91]. IV-Unterstützung bieten sog. Organizational Memory Systems (OMS) mit der Zielsetzung [RaGo95, S. 335],

"(a) not to reinvent wheels,

(b) not to repeat mistakes, and

(c) to update new employees on historical information".

Diese Problemstellungen und auch Lösungsansätze sind also durchaus nicht neu, erlangen jedoch aktuell verstärkt Beachtung. Zum einen mag dies daran liegen, daß in der IV die Behandlung qualitativer, unscharfer Informationen an Bedeutung gewinnt [z.B. Spra95]. Zum anderen erfährt das Thema auch Impulse aus der Analyse des Lernprozesses in Unternehmen [z.B. NeDi95]. Nicht zuletzt eröffnen sich technologiebedingt Chancen, Ideen aus dem Bereich OMS umzusetzen - gerade durch den Einsatz von DMS/WMS.

Schon in Kapitel 2.5 wurde angedeutet, daß das DMS als einheitliche Zugriffsoberfläche auf zahlreiche Dokumenttypen Funktionen eines OMS übernimmt. Eine Dokumentenfamilie in IDWM ist speziell für diese Aufgabe zuständig, d.h., sie soll als Know-how-Datenbank das Erfahrungswissen, das u.a. im Rahmen der Anfrage-/Angebotsabwicklung gewonnen wird, systematisch speichern. Angelehnt an die "alte" Know-how-Datenbank TADDY von Steppan [Step90, S. 77 ff.] erhielt diese Dokumentenfamilie den gleichen Namen.

5.5.3.2 Funktionen

Anders als z.B. im INA-EPK, der sich auf die Präsentation von Standardprodukten konzentriert, ist es die Aufgabe einer Know-how-Datenbank, möglichst vollständig alle zu einer Anwendungslösung relevanten Informationen zu erfassen. Insbesondere unstrukturierten Dokumenten, wie z.B. der verbalen Beschreibung von Besonderheiten einer Lösung, kommt dabei große Bedeutung zu. TADDY-Anwendungslösungen sind daher in IDWM in Form von Dokumentenmappen abgelegt, die flexibel aus mehreren Teilen zusammengesetzt werden können (vgl. Abschnitt 2.3.3). Eine Anwendungslösungsbeschreibung läßt sich einteilen in

• Problembeschreibung (verbale Problembeschreibung, Skizzen, Kundenzeichnungen etc.),

• Lösungsbeschreibung (Lösungszeichnung, verbale Lösungsbeschreibung etc.) und

• Zusatzinformationen (Besonderheiten der Lösung, Realisierungserfolg etc.).

Durch das Ziel der Know-how-Datenbank, zu einer aktuellen Problemstellung möglichst ähnliche historische Anwendungslösungen leicht zugänglich zu machen, rückt die Klassifikation der TADDY-Dokumentenmappen in den Mittelpunkt. Anhand der Suchmaske für die Dokumentenfamilie "TADDY-Anwendungslösungen" in IDWM (Abbildung 5.5.3.2/1) lassen sich die Attribute erkennen. Neben den Standardindizes "Nummer", "Name", "Datum" und "Stichwort" sind die wichtigsten Kundendaten als Suchmerkmal abgelegt.

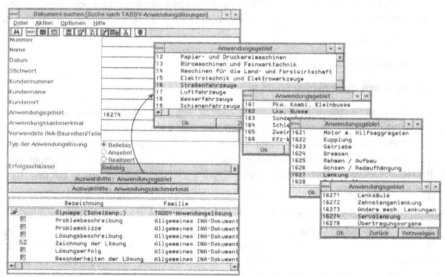

Abb. 5.5.3.2/1: TADDY - Suche über Anwendungsgebiete

Wesentlich ist das Merkmal "Anwendungsgebiet", das eine Recherche über hierarchisch gegliederte Einsatzgebiete erlaubt. Bearbeitet ein Anwendungstechniker z.B. aktuell ein Angebot für ein Triebwellenlager, das in einer Lkw-Servolenkung zum Einsatz kommen soll, so kann er historische Lösungen zu diesem Anwendungsgebiet suchen, indem er im Feld "Anwendungsgebiet" von "Straßenfahrzeuge" über die Spezifikationen "Lkw, Busse" und "Lenkung" bis hin zu "Servolenkung" seine Abfrage schrittweise verfeinert (Abbildung 5.5.3.2/1).

Hinzu kommt das Attribut Anwendungssachmerkmal, das sich an die teileorientierte Sachmerkmalleiste anlehnt, wie sie z.B. im INA-EPK implementiert ist. Ziel ist es wiederum, eigenschaftsorientiert - diesmal bestehende INA-Anwendungslösungen - zu suchen. So ermöglicht dieses Attribut beispielsweise, nach Konstruktionen zu recherchieren, die besondere Anforderungen hinsichtlich der Hitzebeanspruchung zu erfüllen hatten. Die erste Ebene der hierarchisch strukturierten Merkmalleiste, die über die Schaltfläche "Auswahlhilfe: Anwendungssachmerkmal" des Suchfensters aktiviert wird, ist in Abbildung 5.5.3.2/2 dargestellt.

Abb. 5.5.3.2/2: TADDY - Suche über Sachmerkmale

Des weiteren kann man Anwendungslösungen über die verwendeten Baureihen bzw. Teile (z.B. NL für Nadellager), den Typ (nur Angebot oder realisiert) sowie über einen Erfolgsschlüssel (sehr gut ... mangelhaft) suchen.

Nach dem Start der Recherche finden sich im unteren Teil der Suchmaske die gefundenen TADDY-Dokumentenmappen. Durch Auswahl einer Mappe "öffnet" sich diese; in Abbildung 5.5.3.2/1 erkennt man beispielsweise zum Anwendungsfall "Ölpumpe" eine Problembeschreibung, eine Problemskizze, eine Lösungsbeschreibung und -zeichnung sowie Dokumente mit den Besonderheiten und dem Erfolg der Anwendung. Diese Komponenten gehören zum "Standardinhalt" einer TADDY-Anwendungslösung, die natürlich um weitere Elemente angereichert werden kann. Hat der Benutzer z.B. die Lösungszeichnung und -beschreibung aus Abbildung 5.5.3.2/1 aktiviert, so werden sie ihm wie in Abbildung 5.5.3.2/3 präsentiert.

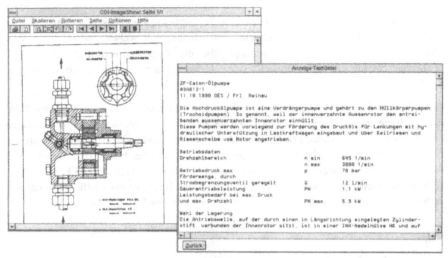

Abb. 5.5.3.2/3: TADDY - Anzeige zweier Komponenten einer Anwendungslösung

5.5.3.3 Integration

Die Know-how-Datenbank TADDY ist keine selbständige Applikation, sondern als Dokumentenfamilie in IDWM eingebettet, so daß Integrationsmerkmale weniger aus technischer Sicht zu beleuchten sind. Im Vordergrund steht vielmehr die organisatorische Integration in den Workflow. Als Suchwerkzeug kommt TADDY vor allem in der Aktivität "Wiederhollösungen suchen" (siehe Anwendungsbeispiel, Abschnitt 5.6.3) zum Einsatz. Auch die Außendienstmitarbeiter der Ingenieurbüros können schon direkt beim Erfassen der Kundenanfrage nach ähnlichen Konstruktionslösungen recherchieren.

Die Akzeptanz eines solchen Systems ist abhängig von der Breite und Aktualität des Anwendungslösungsspektrums. Ziel muß es daher sein, TADDY so in den Workflow einzubinden, daß die Informationserfassung erleichtert, wenn nicht gar teilautomatisiert wird. Im Laufe des Vorgangs werden mehrere Dokumente generiert oder recherchiert, die sich für die Übernahme in TADDY eignen. Dies beginnt schon beim Aufnehmen der Anfrage: Das CAS-System INCAS ist so konzipiert, daß bestimmte Dokumente, die zur Beschreibung einer neuen Anwendungslösung in Betracht kommen, dediziert erfaßt werden (vgl. Abschnitt 5.5.1). Auch einige im Laufe des Angebotsprozesses generierte Dokumente (z.B. Lösungsskizze, Angebots-/Lieferzeichnung) bieten sich als Teil der Problemlösung an.

Im Rahmen der letzten Aktivität ("Angebotsvorgang archivieren", vgl. Kapitel 5.6.15 des Beispiel-Workflows) schlägt IDWM einen Teil der Vorgangsklassifikation und bestimmte Dokumente der Vorgangsmappe für die Anlage einer neuen TADDY-Anwendungslösung vor. Aufgrund der flexiblen Dokumentenmappenstruktur kann der Bearbeiter die Dokumentation beliebig zusammensetzen bzw. ergänzen, z.B. durch eine detaillierte Beschreibung der Angebots-/Lieferzeichnung. TADDY dient somit auch als Filter, der aus den zahlreichen Dokumenten in IDWM die für Anwendungslösungen relevanten kompakt zusammenfaßt. Bedient man sich der Terminologie aus dem Bereich des "Organizational Memory", so kann die Know-how-Datenbank als ein OMS für den technischen Bereich bezeichnet werden. Verfügt man über eine hinreichend große Fallbasis, so besteht eine reizvolle Erweiterungsmöglichkeit darin, daß das System mit Hilfe von CBR-Verfahren zu einer gegebenen Problemstellung ähnliche historische Konstruktionen automatisch heranzieht.

Aktuell sind etwa 620 Anwendungslösungen der INA in TADDY archiviert. Diese Zahl wird sich jedoch durch die teilautomatische Erfassung im Rahmen von IDWM stark erhöhen. Die Schwachpunkte der ersten Know-how-Datenbank bei INA, mangelnde Flexibilität und Integration, sind mit dem neuen System beseitigt. Dies ist auch Voraussetzung dafür, daß die TADDY-Informationen "neben der reinen Wissensvermittlung zum Teil auch Informationsbedürfnisse im Rahmen der operativen bzw. strategischen Unternehmensplanung abdecken ..." [MaGr84, S. 84]. Zu denken ist hier an Produktprogrammanalysen aufgrund der Einsatzhäufigkeit bestimmter Baureihen oder auch an forcierte F&E-Aktivitäten bei Technologien, die der Markt verstärkt anfragt. Im Idealfall der Integration werden die entsprechenden Auswertungen automatisch generiert, evtl. durch den Einsatz wissensbasierter Elemente analysiert, und anschließend vom WMS an die zu informierenden Stellen versandt.

5.5.4 TIS - Technisches Informationssystem

TIS (Technisches Informationssystem) ist das zentrale produktorientierte Auskunftssystem der INA. Die Applikation basiert auf der Host-Produktstammdatenbank und ermöglicht den Zugriff auf die technischen Daten aller Standard- und Sonderlager (INA-Nummer, Artikelnummer, Abmessungen, Vorsetz- und Nachsetzzeichen, Wettbewerbsprodukte, bei Sonderlagern zusätzlich eine Kundennummer und eine Kundenteilenummer).

Normalerweise ruft der Anwender TIS über mehrere, recht komplexe und benutzerunfreundliche CICS-Abfrage- bzw. Eingabemasken auf. Sie erlauben verschiedene Funktionen, z.B. Anzeigen der Produktdaten zu einer INA-Nummer, Suchen von INA-Nummern nach Vorsetzzeichen und Suchen von INA-Nummern nach Kundennummern. Es besteht keine Möglichkeit, die Rechercheergebnisse einer TIS-Abfrage in den Workflow bzw. IDWM einzubinden. Ziel der Integration von TIS in IDWM war es somit,

- den Zugang zu TIS benutzerfreundlich zu gestalten und

- die TIS-Ergebnisse in IDWM zu übernehmen.

Zu diesem Zweck wurde eine Schnittstelle von IDWM zu TIS entwickelt [Gunz94, S. 35 ff.], die sich dem Anwender wie in Abbildung 5.5.4/1 präsentiert. Das Zugangssystem läßt sich sowohl aus der IDWM-Hauptmaske als auch direkt aus der Bearbeitung einer Workflow-Aktivität (z.B. "Wiederhollösungen suchen") heraus aufrufen.

Im oberen Teil des Bildschirmfensters sind die Eingabefelder für die Suchkriterien zu sehen. Die jeweils darunterliegende Schaltfläche aktiviert die Recherche. Für die Abfrage über Kurzbezeichnungen bzw. Abmessungen öffnet sich eine weitere Suchmaske (rechts in Abbildung 5.5.4/1). Die Ergebnisse der verschiedenen Suchaktionen werden im Anzeigeteil ("Ergebnis der TIS-Recherche") angehängt.

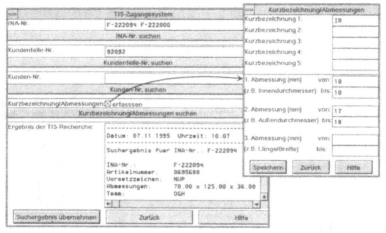

Abb. 5.5.4/1: TIS-Zugangssystem

Die Beispielmaske zeigt Recherchen nach den technischen Daten zu den Sonderlagern F-222094 und F-222000 an. Weiterhin hat der Benutzer Artikel mit der Kundenteilenummer 92092 gesucht. Schließlich interessierten ihn die technischen Details zu Innenringen (IR), die einen Innendurchmesser von 10 mm und einen Außendurchmesser von 17-18 mm haben.

Durch die Schaltfläche "Suchergebnis übernehmen" läßt sich, je nachdem ob das TIS-Zugangssystem direkt aus der IDWM-Hauptmaske oder aus der Workflow-Bearbeitung heraus aufgerufen wurde, das Rechercheergebnis als Dokument in den IDWM-Schreibtisch bzw. in die Vorgangsmappe einfügen. Der Bearbeiter kann anschließend z.B. weitere Kommentare dem Suchergebnis hinzufügen (Abbildung 5.5.4/2).

Realisiert wurde das TIS-Zugangssystem mit Hilfe einer TCP/IP-Socket-Kommunikation. Für jede Rechercheaktion ruft IDWM ein Programm auf, das die TIS-Anfrage in Form einer Datei zum Host schickt. Die Ergebnisinformationen gelangen auf dem umgekehrten Weg zum WMS, wo sie schließlich optisch aufbereitet und angezeigt werden.

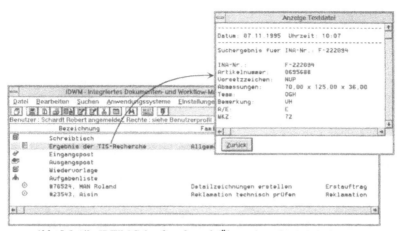

Abb. 5.5.4/2: IDWM-Schreibtisch nach Übernahme des TIS-Dokuments

Die Rolle des WMS als benutzerfreundliches "Front-End" zu Host-Applikationen (vgl. Abschnitt 2.4.2.4) wurde in IDWM beispielhaft an TIS veranschaulicht, da es zu den meistbenutzten Großrechner-Anwendungen innerhalb der Anfrage-/Angebotsabwicklung gehört. In Zukunft sollten auch andere Systeme, die momentan noch über die allgemeine Host-Schnittstelle (Kapitel 5.5.7) aufzurufen sind, durch eine solche Kopplung in die WMS-Architektur eingebunden werden.

5.5.5   Office-Systeme

Im Rahmen der Anfrage-/Angebotsabwicklung kommen Tabellenkalkulationssysteme bei der Kalkulation und Textverarbeitungssysteme beim Erstellen des Angebots- bzw. Ablehnungsschreibens zum Einsatz.

Wie bei allen Systemen der Dokumentenverarbeitung, die selbst keine detaillierte Klassifikation ermöglichen, bietet es sich auch für Dokumente der Office-Systeme an, IDWM als Retrievalsystem (vgl. Kapitel 2.3.2) heranzuziehen. In IDWM wurden daher verschiedene Dokumentenfamilien (z.B. Ablehnungsschreiben) mit den zugehörigen Systemen (z.B. Word) als Dokumenttyp konfiguriert. Es ist somit möglich, auch Office-Dokumente, die normalerweise verstreut auf den Arbeitsplatzrechnern abgelegt sind, in IDWM über eine einheitliche Retrievaloberfläche zu verwalten. Natürlich lassen sich die Kundenkorrespondenz- und Kalkulationsdokumente wie alle Objekte innerhalb IDWM manuell versenden, in die Vorgangsmappe einbinden etc.

Speziell für die Unterstützung der Aktivitäten "Ablehnungsschreiben erstellen" und "Angebotsschreiben erstellen" (siehe Anwendungsbeispiel, Abschnitt 5.6.13) wurden Dokumentvorlagen erstellt, die bereits mit Textpassagen vorbelegt sind und dynamisch Vorgangsinformationen integrieren.

5.5.6 CAD-Systeme

Technische Zeichnungen erstellt man bei INA hauptsächlich mit dem CAD-System MEDUSA. In diesem System freigegebene Zeichnungen dürfen nicht mehr geändert werden, d.h., bei Modifikationen ist eine neue Version des CAD-Dokuments anzufertigen. MEDUSA steht ausschließlich Konstrukteuren und Anwendungstechnikern auf graphischen UNIX-Workstations zur Verfügung.

Ziel der Integration in IDWM war weniger die Einbindung des CAD-Systems im Sinne eines Anzeige- und Änderungsmoduls, sondern vielmehr die plattformunabhängige Verfügbarkeit der freigegebenen technischen Zeichnungen. Es wurde daher eine Schnittstelle zu IDWM entwickelt, die nach Freigabe eines CAD-Dokuments in MEDUSA automatisch ein Rasterbild der Zeichnung erstellt und den IDWM-Dokumentenfamilien "Technische Zeichnung" bzw. "Angebots-/Lieferzeichnung" hinzufügt. Diese Kopien der CAD-Zeichnungen lassen sich mit IDWM einheitlich klassifizieren und unabhängig von der Rechnerplattform aufrufen.

Auf UNIX-basierten Workstations ist es zusätzlich möglich, das CAD-System direkt aus der IDWM-Hauptmaske und aus der Workflow-Bearbeitung heraus aufzurufen, so z.B. im Rahmen der Aktivitäten "Lösungsskizze erstellen" und "Angebots-/Lieferzeichnung erstellen" (siehe Anwendungsbeispiel, Kapitel 5.6.9). Die Integration von MEDUSA ist ein Beispiel dafür, bestimmte Dokumente bewußt redundant zu speichern; in diesem Fall im CAD-System und als Image-Abbild in IDWM.

5.5.7 Host-Systeme

Neben dem Technischen Informationssystem TIS sind bei der Anfrage-/Angebotsabwicklung weitere Host-Systeme relevant, wie z.B. die Programme des PPS-Systems MIPS (Material INA Produktionsplanungs- und -steuerungssystem), die u.a. Abfragen zu Disposition und Lagerverwaltung erlauben. Einige Host-Systeme kommen nur sporadisch je nach Lagertyp und persönlicher Präferenz der Bearbeiter zum Einsatz. Alle Großrechner-Programme werden bei INA von PCs oder UNIX-Workstations über ein Terminalemulationsprogramm aufgerufen. In IDWM ist dieses Zugangssystem sowohl von der Hauptmaske als auch von der Workflow-Bearbeitung heraus zu aktivieren, so daß die Benutzer jederzeit in einem Bildschirmfenster Zugriff auf die Host-Applikationen haben.

5.6   Anwendungsbeispiel

Das Workflow-Anwendungsbeispiel verdeutlicht das Zusammenspiel der Komponenten von IDWM. Es werden nicht alle 40 Aktivitäten des Workflows detailliert beschrieben, sondern bevorzugt jene Vorgangsschritte betrachtet, die sich durch integrierte Anwendungssysteme (z.B. "Wiederhollösungen suchen") oder noch nicht beschriebene Features (beispielsweise der "elektronische" SOLA-Ausschuß und die Angebotsverfolgung mit Vergabe eines Angebotsergebnisschlüssels) auszeichnen. Zur besseren Orientierung ist beim erstmaligen Nennen einer Aktivität die korrespondierende Nummer aus der tabellarischen Prozeßdarstellung (vgl. Tabelle 5.3.1.1/1) angegeben. Die Workflow-Bedienungssystematik "Aufgabenliste -> Aktivitätenfenster -> Aktionsliste -> Aufruf einer IDWM-Funktion oder eines externen Anwendungssystems -> Integration der Ergebnisse in die Vorgangsmappe" (vgl. Abschnitt 5.4.4.1) wird nicht bei jeder Aktivität explizit aufgeführt.

5.6.1 Anfrage erfassen

Die Spindelfabrik Suessen GmbH, ein Kunde der INA Wälzlager Schaeffler KG aus der Branche Textil- und Feinwerktechnik, fragt im Ingenieurbüro Stuttgart-Süd nach einem Unterwalzenlager für den Einsatz in einer Spinnmaschine an[10]. Der Außendienstmitarbeiter nimmt mit dem CAS-System INCAS (vgl. Kapitel 5.5.1) zunächst die allgemeinen Informationen zum Kundenkontakt auf und legt ein Kontaktthema "Anfrage" an. Im Dialog mit dem Kunden erfaßt er zudem eine grobe Problembeschreibung, die u.a. spezielle Anforderungen der Spinnmaschine an das Wälzlager enthält (Abbildung 5.6.1/1).

Abb. 5.6.1/1: INCAS - Kundenkontakt, Anfrage, Problembeschreibung

---

[10] Bei allen kundenbezogenen Zahlenangaben des Anwendungsbeispiels handelt es sich um fiktive Testdaten.

Eine Recherche in den Produktkatalogen der INA ergibt, daß der Kundenwunsch nicht durch ein Lager aus dem Standardprogramm zu befriedigen ist. Zwar läßt sich der INA-EPK (vgl. Kapitel 5.5.2) direkt aus INCAS aktivieren, doch findet er aufgrund seiner Beschränkung auf einen Teil der Baugruppe "Linearführungen/Lineareinheiten" in diesem Anwendungsfall keine Verwendung. Anschließend prüft der Mitarbeiter des Ingenieurbüros durch Recherchen mit den Dokumenten-Management-Funktionen von IDWM nach historischen Anwendungslösungen und technischen Zeichnungen, ob man das Unterwalzenlager auf Basis einer schon bestehenden Sonderlagerkonstruktion entwickeln kann. Diese erste, noch recht grobe Suche ergibt, daß eine Neuentwicklung des Sonderlagers vonnöten ist, d.h., der Lagertyp wird als "Sonderlager neu" sowie die Kalkulationsart als "Erstkalkulation" in der Produktspezifikation (Abbildung 5.6.1/2, links) angegeben. Darüber hinaus finden sich das Vorsetzzeichen für ein Unterwalzenlager (UWL) sowie die gewünschten Lagerabmessungen in der Eingabemaske. Der Kunde selbst hat schon eine erste grobe CAD-Zeichnung des Lagers entworfen, die das System - vom Außendienstmitarbeiter zuvor gescannt - direkt anzeigt (Abbildung 5.6.1/2, rechts).

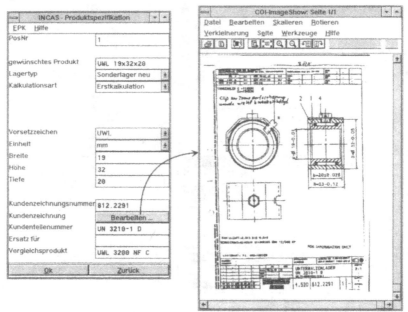

Abb. 5.6.1/2: INCAS - Produktspezifikation

Der INA-Mitarbeiter nimmt zudem die Anfrage- und Musterdaten (vgl. Abbildung 5.6.1/3) sowie das Lastenheft und die Stückelungsdaten für das gewünschte Unterwalzenlager auf.

Abb. 5.6.1/3: INCAS - Anfragedaten, Musterdaten

In der Positionsübersicht (Abbildung 5.6.1/4) prüfen Außendienstmitarbeiter und Kunde nochmals die Vollständigkeit der Angaben, bevor sie die Anfrage schließlich freigeben. Haben sich die Kundenanforderungen geändert oder sind die Anfragedaten aus sonstigen Gründen zu modifizieren, so hat der Mitarbeiter zunächst dafür Sorge zu tragen, daß der vorherige Anfragevorgang gestoppt wird (z.B. via E-Mail oder Telefonat mit dem Branchenmanager), bevor er die geänderte Anfrage freigibt. Der Außendienstmitarbeiter kann den schon initialisierten Workflow selbst aus dem System entfernen, falls er über die Rechte eines Prozeßverantwortlichen verfügt.

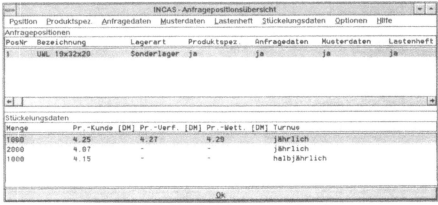

Abb. 5.6.1/4: INCAS - Anfragepositionsübersicht

103

5.6.2 Vorgang planen

INCAS analysiert nach Freigabe der Anfrage die erfaßten Informationen, initialisiert für die Sonderlagerposition eine IDWM-Vorgangsmappe und triggert den Workflow "Anfrage-/Angebotsabwicklung" im Hauptsitz Herzogenaurach. Freilich werden erst nach und nach die Ingenieurbüros mit INCAS und der notwendigen Telekommunikationsinfrastruktur ausgestattet, um diese aus IV-Sicht "ideale" Weiterverarbeitung der Anfragen zu erlauben. Zahlreiche Anfragen gelangen immer noch auf dem konventionellen Postweg bzw. via Fax an den Prozeßverantwortlichen in Herzogenaurach. Dort sind dann die formatierten Daten der Anfrage in INCAS zu erfassen und die zugehörigen Dokumente durch Scannen bzw. über eine Fax-Schnittstelle in die elektronische Vorgangsmappe zu integrieren.

Gemäß dem Prozeßmodell (vgl. Tabelle 5.3.1.1/1) steht als erste Aktivität die Vorgangsplanung an, d.h., IDWM leitet den Anfragevorgang von Suessen in die Aufgabenliste des Prozeßverantwortlichen, in diesem Fall des Branchenmanagers für Textil- und Feinwerktechnik. Nach Selektion des Eintrags in seiner To-Do-Liste findet der Branchenmanager im unteren Teil des Aktivitätenfensters den Inhalt der Vorgangsmappe mit dem Formular "Datenblatt" sowie den in INCAS erfaßten bzw. gescannten Dokumenten "Problembeschreibung" und "Kundenzeichnung" (Abbildung 5.6.2/1).

Abb. 5.6.2/1: Aktivität "Vorgang planen"

Zunächst verschafft er sich einen Überblick zu den wichtigsten Anfragedaten, indem er im Aktivitätenfenster das mit den INCAS-Informationen vorinitialisierte Datenblatt auswählt (Abbildung 5.6.2/2). Dieses Formular entspricht der Angebotsspezifikation aus dem Referenzmodell (vgl. Abbildung 4.3.2/3) und ist, wie schon im konventionellen Ablauf (vgl. Kapitel 5.1.2.1), das zentrale Durchlaufdokument mit den wesentlichen Ergebnissen der einzelnen Bearbeitungsstellen. Obwohl die Struktur des Formulars Datenblatt einige Restriktionen mit sich bringt (so sind z.B. die Auslieferungszyklen fest vorgegeben), hat man dem Abbilden des papiergestützten Originalformulars mit dem FMS gegenüber der Programmierung einer ähnlich strukturierten Eingabemaske den Vorzug gegeben. Es galt vor allem, Akzeptanzschwierigkeiten des Systems zu vermeiden, die sicherlich entstanden wären, hätte man das bei der INA schon seit langer Zeit eingeführte Formular Datenblatt einfach "wegrationalisiert". Eine mögliche Folge wäre gewesen, daß Mitarbeiter parallel zum elektronischen Workflow doch noch dieses Papierformular verwänden. Aus INCAS automatisch in das E-Datenblatt übernommen wurden u.a. Teile der Produktspezifikation, die Kundendaten, der Anwendungsfall, Wettbewerberinformationen, Stückzahlen, Musterdaten und Lieferinformationen.

COI-Forms-Editor

Datei Hilfe

Datenblatt INA-Sondertypen

FAX-MESSAGE from to

1 F- Bez./Abm UWL 19x32x20 mm

2 Kd.-Nr. 4539 Kunde Spindelfabrik Suessen GmbH IB/Ges./PKZ Stuttg.-Süd

gewünschtes Produkt UWL 19x32x20

Anwendungsfall Spinnmaschine

Ers. für (Einbaustelle) Vergleichstype UWL 3200 NF C (Aggregat) Kd. Znr. 812.2291

Wettbewerber FAG Kugelfischer Type Preis 4.29 DM

3 Anlaß der Anfrage [x] Neuentwicklung [ ] Reklamation [ ] Umkonstruktion [ ] Ersatzteilbedarf

4 Anlaß der Kalkulation [x] Erstkalkulation

Sonstige Mitteilungen (Empfehlg.; Abnahmebed.)

Kunde wünscht möglichst geringe Toleranzen.

Überprüfungskalkulation [ ] Produktänderung [ ] Stückzahlenänderung [ ] Preisdruck

Angebot bis 13.12.95

5 Zu kalkulierende Stückzahl

1000 2000 Stck./jährl.

1000 Stck./halbjährl.

Stck./monatl.

Stck./einmalig

Laufzeit 3 Jahre

Lieferbeginn 19/1996

Preisvorstellung

Werkzeugkosten getrennt anbieten

Muster 30 Stck. Termin 10/1996 Musterkostenübernahme [x]

Abt.: KOB1 Name Kress Tel.: 0711/32899 Datum: 09.11.95

6 Prüfung der Anwendung (Info an SOLA)

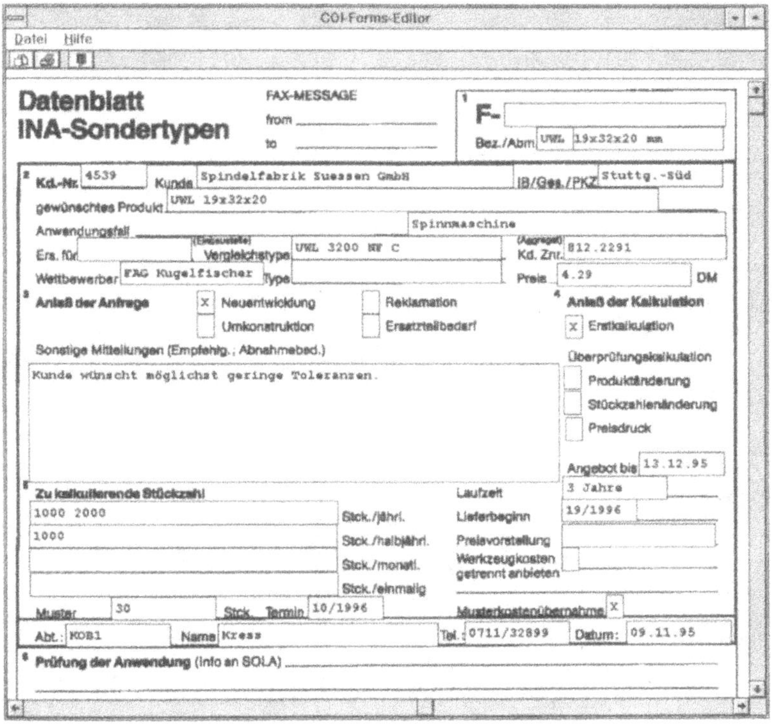

Abb. 5.6.2/2: E-Formular "Datenblatt"

Im Beispielszenario übernimmt der Branchenmanager nach Aufruf der Aktion "Vorgang planen" im Aktivitätenfenster die von IDWM vorgeschlagene Zeit- und Kostenplanung auf Prozeß- und Aktivitätenebene (vgl. [Rauf96] zu den Details der Vorgangsplanung). Anschließend leitet IDWM den Workflow zum Vorgangsschritt "Wiederhollösungen suchen" weiter.

5.6.3 Wiederhollösungen suchen

Diese in der frühen Phase des Workflows zentrale Aktivität (Nr. 2, vgl. Tabelle 5.3.1.1/1) dient in erster Linie dazu, historische Anwendungslösungen und Produkte mit dem entsprechenden Know-how auf die aktuelle Problemstellung zu übertragen, um so Doppelentwicklungen zu vermeiden. Im entsprechenden Aktivitätenfenster (Abbildung 5.6.3/1) präsentiert das System dem Mitarbeiter aus der Anwendungstechnik die Aktionen, hinter denen sich der Aufruf relevanter IDWM-Funktionen bzw. externer Anwendungssysteme verbirgt: die Know-how-Datenbank TADDY (vgl. Kapitel 5.5.3), der Elektronische Produktkatalog INA-EPK (vgl. Abschnitt 5.5.2) sowie das Technische Informationssystem TIS (vgl. Kapitel 5.5.4).

Abb. 5.6.3/1: Aktivität "Wiederhollösungen suchen"

Zunächst recherchiert der Anwendungstechniker mit TADDY nach historischem Konstruktions-Know-how zum Thema "Spinnmaschinen", indem er sich in der Hierarchie der Anwendungsgebiete entsprechend "entlanghangelt" (Abbildung 5.6.3/2).

Abb. 5.6.3/2: TADDY-Recherche nach "Spinnmaschinen"

Zwar behandelt keine der gefundenen Systemlösungen speziell den Einsatz eines Unterwalzenlagers, doch kann der INA-Mitarbeiter aus einer Anwendungsbeschreibung einige Hinweise über die speziellen Anforderungen an Wälzlager in einer Spinnmaschine extrahieren (Abbildung 5.6.3/3). Er übernimmt daher diese TADDY-Dokumentenmappe via "Drag & Drop" aus der Trefferliste der Suchmaske (Abbildung 5.6.3/2, links unten) in die Vorgangsmappe des Aktivitätenfensters.

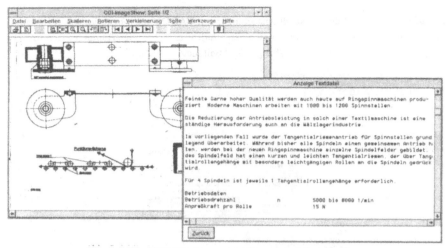

Abb. 5.6.3/3: TADDY - Lösungszeichnung und -beschreibung des Anwendungsfalls "Tangentialrollen"

Der INA-EPK läßt sich aufgrund der schon erwähnten Einschränkung auf eine Baugruppe nicht verwenden. Zum Einsatz kommt das Technische Informationssystem TIS, das der INA-Mitarbeiter heranzieht, um nach Einzelteilen für das Unterwalzenlager im Produktstamm zu suchen. Er startet mehrere Recherchen in TIS, u.a. nach einem Schmiernippel (Kurzbezeichnung NIP), deren Resultate jeweils im Bereich "Ergebnis der TIS-Recherche" angehängt werden (Abbildung 5.6.3/4). Durch den Button "Suchergebnis übernehmen" mündet das TIS-Resultat als Dokument in die Vorgangsmappe ein.

Abb. 5.6.3/4: TIS-Recherche

Schließlich kommentiert der INA-Mitarbeiter die Rechercheergebnisse in einem Fließtextdokument, das u.a. Hinweise auf die Gesamtkonstruktion und Wiederholteile gibt. Dieses Dokument ("Ergebnis Wiederhollösungssuche") wird ebenfalls der Vorgangsmappe beigefügt, die darüber hinaus das Datenblatt, die Problembeschreibung, die Kundenzeichnung, die TADDY-Anwendungslösung und das TIS-Rechercheergebnis beinhaltet (Abbildung 5.6.3/5).

Abb. 5.6.3/5: Aktivitätenfenster nach der Wiederhollösungssuche

Wiederum ein Mitarbeiter der Anwendungstechnik formuliert in der nachfolgenden Aktivität (Nr. 3) ein detailliertes Pflichtenheft, bevor IDWM den Vorgang zum Erstellen des Kalkulationshinweises (Nr. 4) weiterleitet.

5.6.4 Kalkulationshinweis erstellen

Der Kalkulationshinweis ist neben dem Datenblatt das zweite zentrale Formular innerhalb des Angebotsprozesses und entspricht dem Stücklistenvorschlag aus dem Referenzmodell (vgl. Tabelle 4.3.2/1). In das mit INCAS-Daten vorinitialisierte E-Formular trägt der INA-Mitarbeiter auf Basis der Wiederhollösungssuche und des Pflichtenheftes Einzelteilinformationen des Unterwalzenlagers sowie weitere technische Hinweise ein (Abbildung 5.6.4/1). Man erkennt beispielsweise die mit Hilfe von TIS recherchierten Einzelteile des schon bestehenden Sonderlagers F-225356 (vgl. Abbildung 5.6.3/4), die sich im neuen Lager einsetzen lassen. Der Begriff "Kalkulationshinweis" rührt daher, daß diese Informationen in einer späteren Phase der Angebotserstellung die Basis für die Kalkulation der Fertigungsmaterialkosten bilden (siehe Abschnitt 5.6.10).

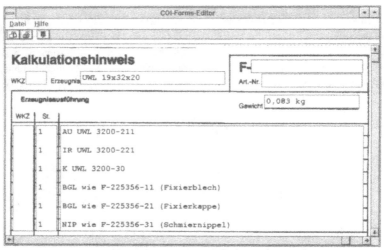

Abb. 5.6.4/1: E-Formular "Kalkulationshinweis"

Die um den Kalkulationshinweis angereicherte Vorgangsmappe wird im Rahmen der folgenden Aktivität als Informationsgrundlage für den Entwurf einer Lösungsskizze des Unterwalzenlagers herangezogen (Nr. 5). Danach verzweigt der Workflow parallel zur technischen und kaufmännischen Anfragebewertung (Nr. 6 und 7). Diese Unterteilung mag für einen "ganzheitlich denkenden Reengineerer" befremdlich wirken, doch hat sich dieser Ablauf beim Industriepartner eingespielt und auch bewährt, so daß im workflow-gestützten Prozeß keine Modifikationen vorgenommen wurden.

5.6.5 Anfrage kaufmännisch bewerten

IDWM bietet dem Vertriebsmitarbeiter beim Bewerten der Anfrage (Nr. 7) Entscheidungsunterstützung in Form von Auswertungen historischer Angebotsprozesse. Durch Aufruf der Aktion "Ergebnisschlüssel auswerten" im Aktivitätenfenster (Abbildung 5.6.5/1) vergleicht das System die kumulierten Anfrage- und Angebotsergebnisschlüssel[11] des aktuellen Interessenten mit denen aller Kunden (Abbildung 5.6.5/2). Man kann nun durch die Schlüsselhierarchie im oberen Bereich des Auswertungsfensters "navigieren" und u.a. ablesen, ob Anfragen des Kunden überdurchschnittlich oft und aus welchen Gründen, z.B. wegen unrealisierbarer Preisvorstellungen, abgelehnt wurden. Aus der Auswertung des Angebotsergebnisschlüssels im unteren Bereich läßt sich beispielsweise erkennen, ob ein Interessent die Angebote mehr als externe "Know-how-Quelle" ansieht und sich weniger mit konkreten Auftragsabsichten trägt.

---

[11] Die vollständige Struktur des Anfrage- und des Angebotsergebnisschlüssels findet sich in den Abschnitten 5.6.7 und 5.6.14.

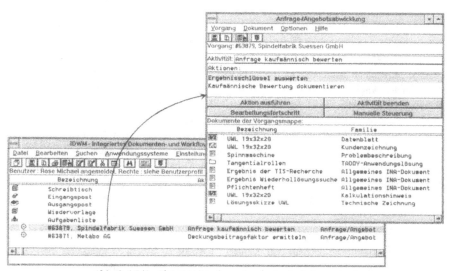

Abb. 5.6.5/1: Aktivität "Anfrage kaufmännisch bewerten"

Da jeder Anfrage bzw. jedem Angebot genau ein Merkmal einer beliebigen Hierarchie zugewiesen wird (vgl. Abschnitte 5.6.7 und 5.6.14) und das Auswertungsfenster ausschließlich die
direkt zugeordneten Zahlen eines Schlüssels präsentiert, entsprechen die Werte eines hierarchisch übergeordneten Merkmals nicht der Summe der untergeordneten Kriterien.

Auswertung						
Optionen Hilfe						
Kundenname Spindelfabrik Suessen GmbH						
Alle Anfragepositionen				**Anfragepositionen dieses Kunden**		
Name	Anteil	Anzahl		Name	Anteil	Anzahl
Anfrage abgelehnt	4.5 %	58		Anfrage abgelehnt	1.0 %	1
Termingründe	0.9 %	10		Termingründe	0.0 %	0
Technische Gründe	0.4 %	4		Technische Gründe	0.0 %	0
Sonstige Gründe	1.2 %	13		Sonstige Gründe	1.0 %	1
Preisgründe	2.7 %	30		Preisgründe	1.0 %	1
* Richtpreis nicht realisierbar	0.4 %	5		* Richtpreis nicht realisierbar	0.0 %	0
* Fertigung nicht wirtschaftlich	0.1 %	1		* Fertigung nicht wirtschaftlich	0.0 %	0
* Angefragte Menge zu gering	0.2 %	2		* Angefragte Menge zu gering	0.0 %	0
* Angebot wird erstellt	85.2 %	955		* Angebot wird erstellt	95.0 %	96
Alle Angebotspositionen				**Angebotspositionen dieses Kunden**		
Name	Anteil	Anzahl		Name	Anteil	Anzahl
Angebot nicht erfolgreich	11.8 %	118		Angebot nicht erfolgreich	10.3 %	9
Termingründe	4.9 %	46		Termingründe	2.3 %	2
Technische Gründe	3.3 %	31		Technische Gründe	3.4 %	3
Service-Gründe	4.0 %	37		Service-Gründe	2.3 %	2
Preisgründe	7.2 %	67		Preisgründe	5.7 %	5
Kundengründe	8.1 %	76		Kundengründe	4.6 %	4
* Projekt beim Kunden abgebrochen	1.1 %	10		* Projekt beim Kunden abgebrochen	1.1 %	1
* Projekt beim Kunden zurückgestel	0.9 %	8		* Projekt beim Kunden zurückgestel	1.1 %	1
* Angebot diente der Information	1.9 %	18		* Angebot diente der Information	0.0 %	0
* Konzern- oder Gegengeschäftsverb	0.7 %	7		* Konzern- oder Gegengeschäftsverb	0.0 %	0
Ok				Zurück		

Abb. 5.6.5/2: Auswertung historischer Anfrage- und Angebotsergebnisschlüssel

Die Auswertungen zeigen u.a., daß Angebote an die Spindelfabrik Suessen in der Vergangenheit wesentlich seltener als im Durchschnitt aus kundenspezifischen Gründen nicht zum Auftrag führten (vgl. Abbildung 5.6.5/2, untere Hälfte). Auch hat man bisher nur sehr wenige Anfragen dieses Kunden abgelehnt (vgl. Abbildung 5.6.5/2, obere Hälfte). Nach einem Check der geplanten Angebotsprozeßkosten über die Controlling-Funktion des WMS trägt der Vertriebsmitarbeiter daher eine positive Beurteilung in ein vorinitialisiertes Dokument ein (Aktion "Kaufmännische Bewertung dokumentieren" in Abbildung 5.6.5/1), das anschließend in die Vorgangsmappe übernommen wird. Die Analysen basieren auf den von INCAS verwalteten Anfrage- und Angebotsdaten und liefern erst dann aussagekräftige Vergleiche, wenn ein Großteil der Anfragen mit INCAS erfaßt wurde. Doch auch ohne die Gegenüberstellung mit den kumulierten Ergebnisschlüsseln aller Kunden liefert die nur auf den aktuellen Interessenten bezogene Auswertung wertvolle Hinweise für die Anfragebewertung.

Eine weitere entscheidungsunterstützende IV-Funktion für die kaufmännische Anfragebewertung wäre eine erste grobe Vorkalkulation [z.B. Mert95, S. 260 ff.] auf Basis der Informationen des Kalkulationshinweises (vgl. Kapitel 5.6.4). Da zu diesem Zeitpunkt für die Einzelteile der Sonderlagerkonstruktion noch keine Stammdaten angelegt sind, wären vom System die Teilestämme, Erzeugnisstrukturen und Arbeitspläne möglichst ähnlicher Teile heranzuziehen.

Auch die technische Anfrageprüfung (Aktivität Nr. 6) fällt positiv aus. Die Anwendungstechnik hat im Rahmen dieser Aktivität die technische Herstellbarkeit (Toleranzen, Härteanforderungen, etc.) zu prüfen und das Ergebnis in einem Dokument zusammenzufassen, das ebenfalls der Vorgangsmappe beigefügt wird. Auf der Grundlage dieser Bewertungen ist die Annahme bzw. Ablehnung der Anfrage zu beschließen. Abbildung 5.6.5/3 bringt eine Übersicht zu den möglichen Entscheidungswegen.

Zunächst legt der Branchenmanager fest (Nr. 8), ob er selbst (Nr. 9) oder der "elektronische" SOLA-Ausschuß (Nr. 10) entscheidet. IDWM fordert bei der elektronischen Gruppenentscheidung sowohl bei der Ablehnung als auch bei der Annahme Einstimmigkeit, wobei sich die Regeln beliebig formulieren lassen. So ist es z.B. denkbar, Mehrheitsentscheidungen mit "Vetorechten" für bestimmte Personen bzw. Rollen einzurichten, d.h., deren Zustimmung bzw. Ablehung muß für die entsprechende Entscheidung zwingend gegeben sein. Kommt das elektronische Gremium zu keiner Übereinkunft, so ist eine "personelle" Sitzung (Nr. 11) einzuberufen. In allen Fällen wird die Beurteilung über einen Anfrageergebnisschlüssel strukturiert eingegeben und vom System automatisch in das entsprechende Feld des Formulars "Datenblatt" sowie in die Anfragedatenbank von INCAS eingefügt.

Abb. 5.6.5/3: Vorgehensweise bei der Annahmeentscheidung

5.6.6 Entscheidungsträger festlegen

Der Branchenmanager zieht es im Beispiel-Workflow trotz der befürwortenden technischen und kaufmännischen Stellungnahmen vor, den SOLA-Ausschuß für die Annahmeentscheidung einzuschalten, und teilt dies dem System über ein Auswahlmenü mit. IDWM setzt daraufhin den Eintrag "Teilnehmer SOLA-Ausschuß konfigurieren" in die Aktionsliste des Aktivitätenfensters. Mit dessen Hilfe kann der Branchenmanager die Standardzusammensetzung des elektronischen Gremiums dynamisch ändern, etwa für den Fall, daß ein Mitarbeiter mit technischem Spezialwissen oder besonderen Kundenerfahrungen hinzuzuziehen ist[12] (Abbildung 5.6.6/1). Gemäß dieser Auswahl leitet IDWM die Vorgangsmappe parallel an die Mitglieder des elektronischen Gremiums (Aktivität Nr. 10) weiter.

In Abbildung 5.6.6/1 erkennt man auch die im Rahmen der vorherigen Aktivitäten zur Vorgangsmappe hinzugefügten Dokumente (Lösungsskizze sowie technische und kaufmännische Anfragebewertung).

---

[12] Technisch gesehen wird die in der Organisationsdatenbank definierte Rolle für die Aktivität "Elektronische SOLA-Entscheidung" temporär, d.h. für diesen einen Vorgang, geändert.

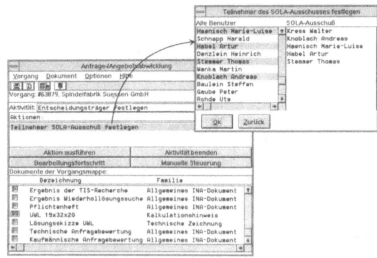

Abb. 5.6.6/1: Konfiguration des elektronischen SOLA-Ausschusses

5.6.7 "Elektronische" SOLA-Entscheidung

Der Grund der Entscheidung gegen bzw. für die Erstellung eines Angebots wird in Form eines strukturierten Anfrageergebnisschlüssels angegeben (Abbildung 5.6.7/1). Ziel dieses Instru-

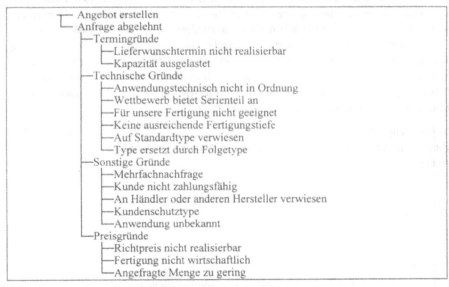

Abb. 5.6.7/1: Anfrageergebnisschlüssel

mentariums ist es vor allem, Hilfestellung beim Bewerten zukünftiger Kundenanfragen zu geben (vgl. Abschnitt 5.6.5) sowie Managementinformationen zu extrahieren, die wiederum Basis sein können für Änderungen des Produktprogramms bzw. der Preisstruktur. So ist beispielsweise zu überdenken, Sonderlager, die von der Konkurrenz vermehrt als Serienteil offeriert werden, ebenfalls als Standardlager anzubieten.

Die Teilnehmer des elektronischen Meetings sichten nun die Dokumente der Vorgangsmappe, insbesondere die kaufmännische und technische Bewertung, und teilen dem System ihre Entscheidung mit Hilfe des Anfrageergebnisschlüssels mit (Abbildung 5.6.7/2). Ähnlich wie beim Auswerten des Ergebnisschlüssels (vgl. Abbildung 5.6.5/2) kann man sich durch die einzelnen Hierarchien "durchhangeln", d.h. die Kriterien des nächstfeineren Detaillierungsgrades durch "Doppelklick" anzeigen bzw. verbergen.

Abb. 5.6.7/2: Aktivität "Elektronische SOLA-Entscheidung" und Eingabe des Anfrageergebnisschlüssels

Alle SOLA-Mitglieder bewerten die Anfrage des Kunden Suessen positiv ("Angebot wird erstellt"), so daß IDWM die Entscheidung in das Datenblatt übernimmt (Abbildung 5.6.7/3) und der Branchenmanager den Angebotsvorgang initialisiert (Aktivität Nr. 15, Abschnitt 5.6.8).

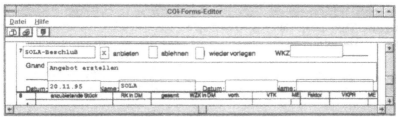

Abb. 5.6.7/3: Übernahme der SOLA-Entscheidung in das Datenblatt

115

Bei einstimmiger Ablehnung selektiert IDWM den in der Schlüsselhierarchie detailliertesten gemeinsamen Grund zur Übernahme in das Datenblatt. Hat man beispielsweise die Bewertungen "Lieferwunschtermin nicht realisierbar" und "Kapazität ausgelastet" angegeben, so wählt IDWM den Schlüssel "Termingründe" (vgl. Abbildung 5.6.7/1). Schließlich gilt es in diesem Fall noch, das Ablehnungsschreiben zu erstellen und zu versenden, bevor das System den Anfragevorgang archiviert (Aktivitäten Nr. 12-14). Einigt man sich nicht auf elektronischem Wege, so ist das personelle Gremium einzuberufen (Aktivität Nr. 11; vgl. Abbildung 5.6.5/3). Hierzu hat der Branchenmanager die Mitglieder des Gremiums über E-Mail oder Telefon zu informieren und das Ergebnis der Sitzung dem System mitzuteilen.

Eine solche weitgehend elektronische Gruppenentscheidung ist natürlich auch mit Nachteilen verbunden. Vor allem ist anzuführen, daß die während der konventionellen Sitzungen möglichen erörternden Diskussionen wegfallen. Des weiteren werden diese periodischen Treffen neben den eigentlichen Anfragebewertungen auch genutzt, um andere Fragen und Themen zu besprechen, so daß insgesamt der Informationsaustausch zwischen den Branchenmanagern leiden würde. Diesem Problem könnte man durch Videokonferenzen begegnen, die jedoch derzeit noch sehr kostspielig und aufwendig in der Installation sind und auch den großen Vorteil der zeitunabhängigen Entscheidungsfindung wieder aufheben. Man wird daher in der Anfangsphase des WMS-Einsatzes die Akzeptanz eines solchen elektronischen SOLA-Ausschusses zu prüfen haben oder auch erst mit der konventionellen Entscheidungsfindung beginnen und langsam auf die elektronische Version "umsteigen".

5.6.8   Angebotsvorgang initialisieren

Im Gegensatz zum Referenzmodell generiert IDWM beim Initialisieren des Teilvorgangs "Angebotsabwicklung" keine neue Vorgangsmappe, sondern die Dokumente verbleiben in der Anfragemappe[13]. Der Branchenmanager hat lediglich die Möglichkeit, mit Hilfe der Controlling-Funktionen von IDWM die voraussichtlichen Termine der restlichen Aktivitäten zu überprüfen (Abbildung 5.6.8/1). Ebenso wie bei den Analysen der Ergebnisschlüssel (vgl. Kapitel 5.6.5) muß das System erst einige Zeit im Produktivbetrieb arbeiten, um über Auswertungen historischer Vorgangsprotokolle fundierte Planzahlen zu liefern und somit auch Auwertungen wie der in Abbildung 5.6.8/1 gezeigten Aussagekraft zu verleihen (Details zu den WMS-Controlling-Funktionen sind in [Rauf96] zu finden).

Die negative Terminabweichung in Abbildung 5.6.8/1 signalisiert, daß kein Terminverzug vorliegt, so daß Änderungen der Planwerte nicht notwendig sind und der Workflow zur Produktionskoordination weitergeleitet wird. Diese legt den Ort für die Endmontage des Unterwalzenlagers fest und dokumentiert die entsprechende Werkskennziffer auf dem Datenblatt (Nr. 16). Das Resultat der Suche nach relevanten Standards (Nr. 17) ist eine externe DIN-

---

[13] Dies liegt vor allem in der Architektur des verwendeten Workflow-Tools BusinessFlow begründet.

Norm. Im Prozeßschritt "Berechnungen durchführen" (Nr. 18) stoßen Mitarbeiter der Anwendungstechnik über die allgemeine Host-Schnittstelle (vgl. Abschnitt 5.5.7) verschiedene technische Berechnungsprogramme an und vermerken die Ergebnisse in einem Dokument der Durchlaufmappe. IDWM überspringt anschließend die Aktivität "Konstruktions-FMEA erstellen" (Nr. 19), da der Kunde kein Fehleranalyseprotokoll gewünscht hat (vgl. Abbildung 5.6.1/3), und leitet den Vorgang zum Erstellen der Angebots-/Lieferzeichnung (Nr. 20) weiter.

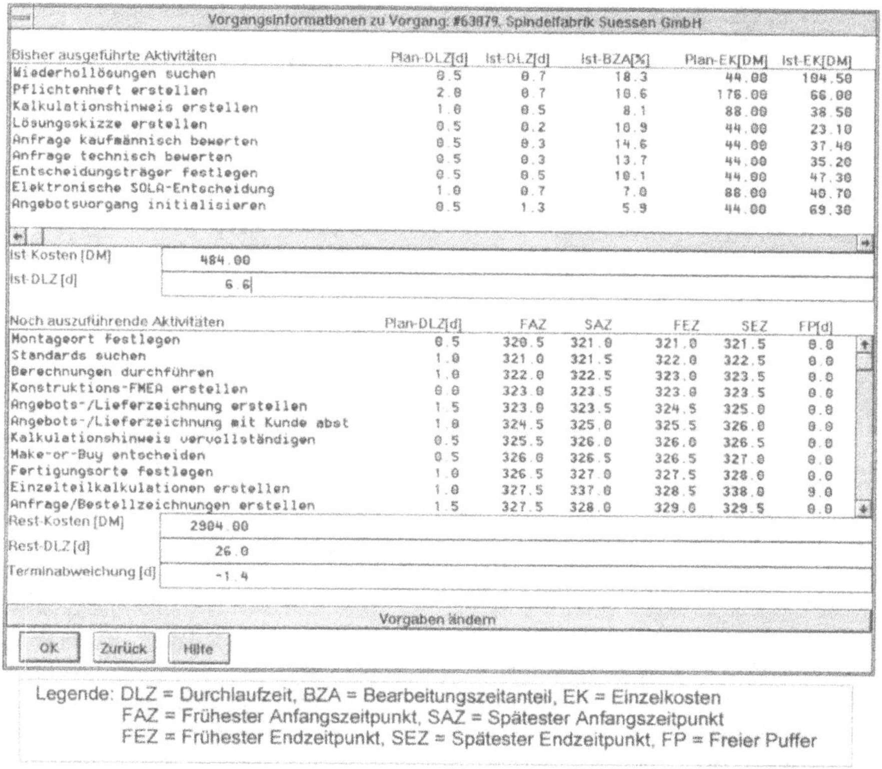

Vorgangsinformationen zu Vorgang: #63879, Spindelfabrik Suessen GmbH

Bisher ausgeführte Aktivitäten	Plan-DLZ[d]	Ist-DLZ[d]	Ist-BZA[%]	Plan-EK[DM]	Ist-EK[DM]
Wiederhollösungen suchen	0.5	0.7	18.3	44.00	104.50
Pflichtenheft erstellen	2.0	0.7	10.6	176.00	66.00
Kalkulationshinweis erstellen	1.0	0.5	8.1	88.00	38.50
Lösungsskizze erstellen	0.5	0.2	10.9	44.00	23.10
Anfrage kaufmännisch bewerten	0.5	0.3	14.6	44.00	37.40
Anfrage technisch bewerten	0.5	0.3	13.7	44.00	35.20
Entscheidungsträger festlegen	0.5	0.5	10.1	44.00	47.30
Elektronische SOLA-Entscheidung	1.0	0.7	7.0	88.00	40.70
Angebotsvorgang initialisieren	0.5	1.3	5.9	44.00	69.30

Ist-Kosten [DM]   484.00

Ist-DLZ [d]   6.6

Noch auszuführende Aktivitäten	Plan-DLZ[d]	FAZ	SAZ	FEZ	SEZ	FP[d]
Montageort festlegen	0.5	320.5	321.0	321.0	321.5	0.0
Standards suchen	1.0	321.0	321.5	322.0	322.5	0.0
Berechnungen durchführen	1.0	322.0	322.5	323.0	323.5	0.0
Konstruktions-FMEA erstellen	0.0	323.0	323.5	323.0	323.5	0.0
Angebots-/Lieferzeichnung erstellen	1.5	323.0	323.5	324.5	325.0	0.0
Angebots-/Lieferzeichnung mit Kunde abst	1.0	324.5	325.0	325.5	326.0	0.0
Kalkulationshinweis vervollständigen	0.5	325.5	326.0	326.0	326.5	0.0
Make-or-Buy entscheiden	0.5	326.0	326.5	326.5	327.0	0.0
Fertigungsorte festlegen	1.0	326.5	327.0	327.5	328.0	0.0
Einzelteilkalkulationen erstellen	1.0	327.5	337.0	328.5	338.0	9.0
Anfrage/Bestellzeichnungen erstellen	1.5	327.5	328.0	329.0	329.5	0.0

Rest-Kosten [DM]   2904.00

Rest-DLZ [d]   26.0

Terminabweichung [d]   -1.4

Vorgaben ändern

OK   Zurück   Hilfe

Legende: DLZ = Durchlaufzeit, BZA = Bearbeitungszeitanteil, EK = Einzelkosten
FAZ = Frühester Anfangszeitpunkt, SAZ = Spätester Anfangszeitpunkt
FEZ = Frühester Endzeitpunkt, SEZ = Spätester Endzeitpunkt, FP = Freier Puffer

Abb. 5.6.8/1: WMS-Controlling-Funktion: Detailinformationen zu einem Vorgang

5.6.9   Angebots-/Lieferzeichnung erstellen

Ein Konstrukteur sichtet die Dokumente der Vorgangsmappe, insbesondere die Lösungsskizze und den Kalkulationshinweis, und erstellt mit dem CAD-System MEDUSA die Angebots-/Lieferzeichnung des Unterwalzenlagers. Das Image-Abbild (Abbildung 5.6.9/1) wird nach Freigabe der Zeichnung im CAD-System in die Vorgangsmappe eingefügt[14]. Mit der Konstruktion der Angebots-/Lieferzeichnung vergibt der INA-Mitarbeiter eine F-Nummer (vgl. Kapitel 5.1.1.2) für das Sonderlager, die für die Klassifikation der Angebots-/Lieferzeichnung herangezogen und auf dem Datenblatt sowie dem Kalkulationshinweis (siehe Abbildung 5.6.10/1) vermerkt wird.

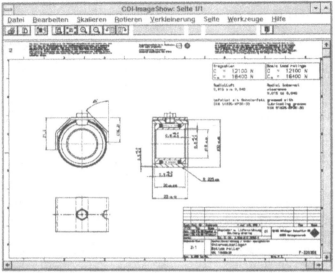

Abb. 5.6.9/1: Anzeige der Angebots-/Lieferzeichnung

Die Zeichnung ist anschließend von einem Vertriebsmitarbeiter mit dem Kunden abzustimmen (Nr. 21), d.h., das Dokument wird beispielsweise via Fax-Server zur Spindelfabrik Suessen versandt. Dort vermerkt man einen Änderungswunsch auf der Zeichnung, so daß der INA-Mitarbeiter den Vorgang zur Aktivität "Angebots-/Lieferzeichnung erstellen" zurücksetzt (Abbildung 5.6.9/2), um die Modifikation zu berücksichtigen. Das Zurückspringen bringt prinzipiell die Gefahr von Inkonsistenzen mit sich, die im Lauf der Zeit durch gezielte Einschränkung der "Sprungmöglichkeiten" zu vermeiden sind (vgl. Kapitel 5.4.4.3). Dieser Fall - ein Rücksprung von Aktivität Nr. 21 zum vorherigen Prozeßschritt - ist unkritisch, da zwischenzeitlich keine Datenbestände (z.B. Kalkulationen) angelegt bzw. geändert wurden.

---

[14] Vgl. hierzu die CAD-Schnittstelle in Kapitel 5.5.6.

Abb. 5.6.9/2: Manuelle Steuerung

Nach der neuerlichen Abstimmung mit dem Kunden Suessen werden die Einzelteilinformationen auf dem Kalkulationshinweis komplettiert (Nr. 22).

5.6.10 Fertigungsorte festlegen

Alle Einzelteile des Unterwalzenlagers lassen sich in INA-Werken fertigen, so daß die Produktionskoordination die entsprechende Make-or-Buy-Entscheidung (Aktivität Nr. 23) dem System mitteilt. Durch Angabe der Werkskennziffern (WKZ) im Kalkulationshinweis werden die Fertigungsorte der Einzelteile festgelegt (Aktivität Nr. 24, Abbildung 5.6.10/1).

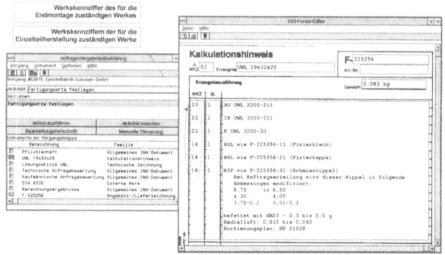

Abb. 5.6.10/1: Aktivität "Fertigungsorte festlegen" und Eintragen der
Fertigungsorte in den Kalkulationshinweis

Nach Abschluß der Aktivität liest IDWM die Werkskennziffern aus den entsprechenden Feldern des E-Formulars ein und leitet die Vorgangsmappe über die Rollenauflösung automatisch an die Arbeitsplanungen der beiden betroffenen Werke (Werkskennziffern 23 und 14) zur Einzelteilkalkulation weiter (Nr. 25). Dort bedient man sich verschiedener PC- und host-basierter Systeme, um die Material-, Fertigungslohn- und Maschinenkosten in die Einzelteil-kalkulation einfließen zu lassen. Das Ergebnis wird jeweils in einem Formular "Einzel-teilkalkulationsblatt" festgehalten. Der Workflow gelangt danach zur Arbeitsplanung des für die Endmontage zuständigen Werks (Kennziffer 02), um den Montagetermin für das Unter-walzenlager zu bestimmen und auf dem Datenblatt zu dokumentieren (Nr. 31). Die Produkti-onskoordination ermittelt schließlich aus den Einzelteilkalkulationen und den gesamten Montagekosten die vorkalkulierten Teilekosten (Aktivität Nr. 32), die ebenfalls auf dem Da-tenblatt notiert werden.

Eine stärkere Automation der Kalkulation wird bei INA durch verschiedene Verfahren und IV-gestützte Werkzeuge, die in den einzelnen Werken zum Einsatz kommen, erschwert. Eini-ge Produktionsstätten benutzen einfache Tabellenkalkulationsprogramme, andere wiederum Host-Transaktionen, wieder andere individuell programmierte PC-Programme. Die unter-schiedlichen Kalkulationswerkzeuge führten in der Vergangenheit jedoch nicht zu einer schlechten "Kalkulationsqualität" und somit nicht zu einem Bedarf an durchgängigen IV-Systemen zur Kalkulation. Man kann in solchen Situationen wieder den großen Vorteil eines WMS "ausspielen", das die vorhandenen, heterogenen Systeme durch Integrationsmechanis-men in den Prozeß einbindet.

Da man für die Beispielanfrage des Kunden Suessen keine Einzelteile fremdbezieht, ver-zweigt das System nicht zum Aktivitätenblock für die Lieferantenangebote (Aktivitäten Nr. 26 bis 30).

5.6.11 Deckungsbeitragsfaktor ermitteln

IDWM leitet den Vorgang zum Vertrieb weiter, um einen Faktor festzulegen, der als Basis eines einfachen Deckungsbeitragszuschlags für das Unterwalzenlager herangezogen wird (Nr. 33). Auch hier ließen sich verfeinerte Verfahren als diese einfache Zuschlagskalkulation her-anziehen. Zunächst stand jedoch im Vordergrund, das aktuell gültige Verfahren in IDWM einzubinden, das zu einem späteren Zeitpunkt durch exaktere bzw. automatisiertere Verfahren ersetzt werden kann (WMS als "Rückgrat der Integration", vgl. Abbildung 2.5/1).

Nachdem also ein Vertriebsmitarbeiter den Workflow aus seiner Aufgabenliste selektiert und die Kalkulationsdaten analysiert hat, zieht er es vor, zunächst die Meinung eines Kollegen einzuholen, und sendet diesem die Vorgangsmappe mit der Dokumenten-Mail-Komponente von IDWM (Abbildung 5.6.11/1). Man hat es hier somit nicht mit einem Verzweigen inner-halb des Workflow-Scriptes zu tun, sondern mit einem "harten" Ausbrechen, dessen Schritte nicht mehr innerhalb der Workflow-Kontrollsphäre liegen (vgl. dazu die verschiedenen Mög-lichkeiten des Ausbrechens in Kapitel 5.4.4.3). Der aktuelle Vorgang verbleibt einstweilen in der Aufgabenliste des Versenders, der - nachdem er sich mit seinem Kollegen abgestimmt hat - den Deckungsbeitragsfaktor in das entsprechende Feld des Datenblatts einträgt.

Abb. 5.6.11/1: Manueller Versand der Vorgangsmappe

5.6.12 Angebotspreis ermitteln

Basierend auf dem Deckungsbeitragsfaktor hat ein Vertriebsmitarbeiter als eine der letzten Aktivitäten den Preis des Lagers festzulegen (Nr. 34). Das System unterstützt ihn durch einen vorinitialisierten Preis, der durch Multiplikation der vorkalkulierten Teilekosten (Aktivität Nr. 32) mit dem Deckungsbeitragsfaktor (Nr. 33) berechnet wird. Aufgabe des INA-Mitarbeiters ist es nun, Rabatte, Kundenboni und sonstige Faktoren in die Preisbildung einfließen zu lassen. Durch den Aufruf der Aktion "Angebotspreis eintragen" im Aktivitätenfenster (Abbildung 5.6.12/1) trägt er schließlich die Verkaufspreise für die vom Kunden Suessen gewünschten Abnahmeintervalle und -mengen in die INCAS-Angebotsdatenbank ein. IDWM übernimmt daraufhin die Informationen in das Datenblatt.

Um ein konsistente Preisbildung sicherzustellen, wird der Vertriebsmitarbeiter i.d.R. historische Vergleichsfälle aus der Angebotsdatenbank analysieren. IDWM unterstützt ihn durch die Aktion "Angebote analysieren", mit der die Host-Recherchemaske für historische Angebote aufgerufen wird[15]. Auf die Vorgangsmappen der zugehörigen Anfrage-/Angebotsprozesse greift er mit Hilfe der DMS-Funktionen von IDWM zu.

---

[15] Bis zum Ausbau von INCAS zu einem Angebots-Informationssystem sind hierzu die entsprechenden Host-Transaktionen heranzuziehen.

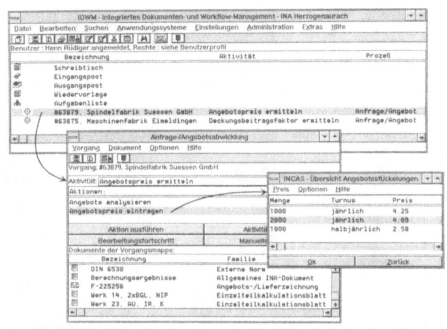

Abb. 5.6.12/1: Aktivität "Angebotspreis ermitteln" und Eingabe des Angebotspreises

Die Angebotsgültigkeit und der Liefertermin werden im Rahmen der beiden nachfolgenden Aktivitäten (Nr. 35 und 36) über gleichartige Eingabemasken festgelegt.

5.6.13 Angebotsschreiben erstellen

Wiederum ein Mitarbeiter des Vertriebs hat das Angebotsschreiben für den Kunden Suessen - das "Endprodukt" des Vorgangs - aufzusetzen (Nr. 37). IDWM unterstützt ihn mit einer Dokumentvorlage des Textverarbeitungssystems Word, die automatisch einige Vorgangsinformationen (Kundendaten, Preise etc.) und einen Standardtext enthält (Abbildung 5.6.13/1). Das Schreiben wird im DMS klassifiziert und der Vorgangsmappe hinzugefügt. Im Rahmen der nächsten Aktivität (Nr. 38) gelangt das Angebotsdokument zusammen mit der Angebots-/Lieferzeichnung z.B. über einen Fax-Server an den Kunden Suessen. Der Vertriebsmitarbeiter leitet die komplette Vorgangsmappe mit Hilfe der Dokumenten-Mail-Funktion zur Kenntnisnahme an das zuständige Außendienstbüro weiter.

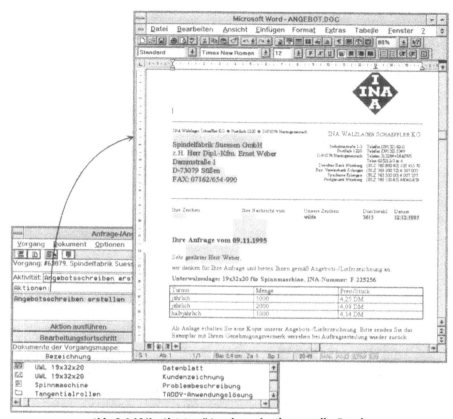

Abb. 5.6.13/1: Aktivität "Angebotsschreiben erstellen" und vorinitialisiertes Angebotsschreiben

5.6.14 Angebot verfolgen

Abbildung 5.6.14/1 zeigt, wie IDWM dem Vertriebsmitarbeiter die vorletzte Aktivität des Workflows, "Angebot verfolgen" (Nr. 39), präsentiert. Zunächst wird der Vorgang auf Wiedervorlage gesetzt, um beim Kunden Suessen in einigen Tagen nochmals nachzufassen, falls dieser bis dahin auf das Angebot nicht reagiert hat. IDWM entfernt nach Eingabe des gewünschten Datums den Vorgang aus der Aufgabenliste und setzt ihn in den Bereich "Wiedervorlage" des IDWM-Desktops (vgl. Abschnitt 5.4.1).

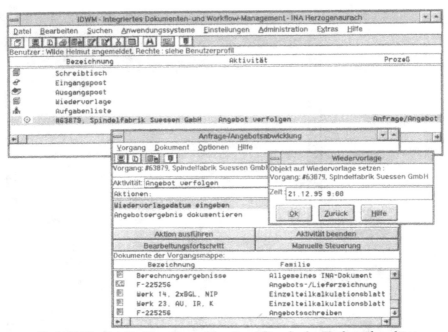

Abb. 5.6.14/1: Aktivität "Angebot verfolgen" und Eingabe des Wiedervorlagedatums

Die Kundenreaktion wird analog zum Anfrageergebnisschlüssel über einen Angebotsergebnisschlüssel eingegeben (Abbildung 5.6.14/2). Ziel ist es zum einen, wiederum Entscheidungsunterstützung beim Bewerten neuer Kundenanfragen (vgl. Abschnitt 5.6.5) zu geben,
und zum anderen, durch Auswertungen dieses Schlüssels Frühwarnindikatoren auf Verschie-
bungen im Markt durch veränderte Technologien oder neue Konkurrenten zu erhalten (Lost-
Order-Statistiken, [MeGr93, S. 70]).

```
┬── Angebot erfolgreich
│   ├── Auftrag stimmt mit Angebot überein
│   ├── Zunächst erfolgte Teilauftrag
│   ├── Weniger bestellt als angeboten
│   ├── Mehr bestellt als angeboten
│   ├── Teilauftrag ging an Wettbewerb
│   ├── Angebotene Menge bestellt und Preis geändert
│   ├── Weniger bestellt und Preis geändert
│   └── Mehr bestellt und Preis geändert
└── Angebot nicht erfolgreich
    ├── Termingründe
    │   ├── Liefertermin des gesamten Angebots zu spät
    │   ├── Liefertermin einzelner Positionen zu spät
    │   └── Keine Teillieferung erwünscht
    ├── Technische Gründe
    │   ├── Kein Gesamtangebot
    │   ├── Wettbewerb bietet technischen Vorteil
    │   ├── Alternativprodukt abgelehnt
    │   ├── Wettbewerb bietet Serienteil an
    │   ├── Keine Gesamtlösung des Anwendungsfalls
    │   └── Aus anderen konstruktiven Gründen
    ├── Service-Gründe
    │   ├── Angebotsabgabe zu spät
    │   ├── Mangelnde Unterstützung
    │   ├── Frühere Reklamationen
    │   ├── Wettbewerber leistungsfähiger
    │   └── Vorgeschriebene Mindestmenge zu hoch
    ├── Preisgründe
    │   ├── Angebotsgesamtpreis zu hoch
    │   ├── Einzelpositionspreis zu hoch
    │   ├── Für Einsatzfall zu teuer
    │   ├── Preis im Vergleich zu Eigenfertigung zu hoch
    │   └── Preis im Vergleich zu Erstausrüster zu hoch
    ├── Kundengründe
    │   ├── Projekt beim Kunden abgebrochen
    │   ├── Projekt beim Kunden zurückgestellt
    │   ├── Angebot diente der Information
    │   ├── Konzern- oder Gegengeschäftsverbindlichkeiten
    │   ├── Kunde nicht zahlungsfähig
    │   ├── Kunde bevorzugt Wettbewerb
    │   └── Kunde hat Auftrag seines Abnehmers nicht erhalten
    └── Mehrfachangebote
        ├── Angebot wurde durch Folgeangebot ersetzt
        ├── Alternatives Angebot erhielt Zuschlag
        └── Andere INA-Gesellschaft hat Auftrag erhalten
```

Abb. 5.6.14/2: Angebotsergebnisschlüssel

Nach der Reaktion des Kunden - Suessen hat sich für die Annahme des Angebots entschieden - öffnet der INA-Mitarbeiter den Vorgang aus der Wiedervorlage und selektiert den Angebotsergebnisschlüssel "Auftrag stimmt mit Angebot überein" (Abbildung 5.6.14/3). IDWM trägt somit dafür Sorge, daß dieser Schlüssel konsequent angewandt wird, um die Datenbasis für Auswertungen zu stabilisieren.

Abb. 5.6.14/3: Aktivität "Angebot verfolgen" und Eingabe des Angebotsergebnisschlüssels

5.6.15 Angebotsvorgang archivieren

Als letzte Aktivität des Workflows (Nr. 40) steht die Archivierung des Angebotsvorgangs an. Die Aktionen führen den Vorgangsverantwortlichen durch die einzelnen Bearbeitungsschritte (Abbildung 5.6.15/1).

Zunächst hat er die von IDWM vorinitialisierte Klassifikation der Vorgangsmappe zu modifizieren bzw. zu übernehmen (Aktion "Vorgangsmappe archivieren"). Man erkennt anhand der Durchlaufmappe, die mittlerweile auf 17 Dokumente angewachsen ist, welch vielfältige Informationsobjekte im Laufe eines Angebots-Workflows entstehen. Diese Dokumente, die bei konventioneller papiergestützter Bearbeitung verstreut archiviert werden, sind in Zukunft durch Recherchen nach Anfragepositionsmappen mit der Dokumenten-Management-Komponente von IDWM bequem zugänglich.

Abb. 5.6.15/1: Aktivität "Angebotsvorgang archivieren"

Des weiteren (Aktion "TADDY-Anwendungslösung generieren") schlägt IDWM gezielt Dokumente aus der Vorgangsmappe (Problembeschreibung, Kundenzeichnung, Pflichtenheft, Angebots-/Lieferzeichnung, Angebotsdokument) zur Anlage einer neuen Anwendungslösung in TADDY vor und klassifiziert diese automatisch (Abbildung 5.6.15/2).

Der INA-Mitarbeiter faßt noch die Besonderheiten der Unterwalzenlager-Konstruktion in einem weiteren Dokument zusammen und fügt es ebenfalls in die TADDY-Dokumentenmappe ein. Dieses teilautomatische Generieren neuer Anwendungslösungen in IDWM sorgt für ein kontinuierliches Anwachsen der Know-how-Datenbank.

Schließlich sind noch die von IDWM gesammelten Controlling-Informationen vor der Archivierung zu bestätigen (Aktion "Controlling-Info archivieren").

IDWM gleicht nach dem Beenden der letzten Aktivität die Dokumente des Angebotsprozesses mit den formatierten Daten ab. So überprüft das System beispielsweise, ob die mit INCAS erfaßten Initialdaten im Laufe des Workflows über Formulareingaben modifiziert wurden, und zieht diese Änderungen ggf. in den formatierten Datenbeständen nach.

Abb. 5.6.15/2: Teilautomatisches Erzeugen der neuen TADDY-Anwendungslösung

Der Workflow der Anfrage-/Angebotsabwicklung ist damit abgeschlossen, und die Auftragsabwicklung i.e.S. kann angestoßen werden.

5.7 Zusammenfassende Beurteilung

IDWM ist im Portfolio der Abbildung 3.3/1 als integrierte, funktionsbereichsübergreifende DMS/WMS-Anwendungslösung zu klassifizieren (Stufe vier). Vergegenwärtigt man sich nochmals die Zielsetzung aus Kapitel 1.2, so verdeutlicht das System anhand eines komplexen industriellen Kerngeschäftsprozesses die Möglichkeiten von DMS/WMS als "Rückgrat" der Integration, insbesondere im Hinblick auf die lose Kopplung von Programmen der Daten- und Dokumentenverarbeitung. Im Gegensatz zur werkzeugorientierten Workflow-Forschung steht in der Praxis weniger das DMS/WMS selbst im Mittelpunkt, sondern vielmehr die dedizierte Unterstützung der Workflow-Aktivitäten, sei es durch externe Anwendungen oder durch direkt integrierte innovative IV-Ideen, wie etwa die Anfragebewertung anhand eines strukturierten Ergebnisschlüssels. IDWM zeigt, daß man das in der Praxis fast immer zu beobachtende Spannungsfeld zwischen gewachsenen IV-Strukturen und neuen Systemen durch Workflow-Management entschärfen kann.

Das System behebt die wesentlichen Schwachstellen des konventionellen Angebotsprozesses des Industriepartners (vgl. Abschnitt 5.1.2.2):

- Durch den Wegfall von Papier als Archivmedium und Informationsträger zwischen den Aktivitäten lassen sich Papierkosten von jährlich etwa 90.000 DM einsparen.

- Die Benutzer von IDWM haben jederzeit online Zugriff auf einen Großteil der INA-Dokumente und somit auf das historische Unternehmens-Know-how.

- Zahlreiche vorhandene Applikationen (Legacy-Programme) wie auch innovative Anwendungssysteme sind über lose Kopplungsmechanismen in den Prozeß integriert.

- Der "elektronische" Sonderlagerausschuß hilft, die zeit- und kostenintensive Gremienarbeit zu reduzieren.

- Man ist gegenüber Kunden jederzeit in der Lage, über den Status eines laufenden Prozesses Auskunft zu geben.

- Die Durchlaufzeit für die Anfrage-/Angebotsabwicklung kann, verglichen mit dem ursprünglichen Prozeß, um etwa 45 % verringert werden.

In den von Venkatraman aufgestellten Stufen des BPR [Venk94, S. 74 ff.] handelt es sich um ein Projekt der "internal integration", d.h. ein Integrationsvorhaben ohne radikale Änderungen der Ablauf- oder Aufbauorganisation. Eine Ausnahme bildet der neue Ablauf der Annahmeentscheidung, da das Sonderlager-Gremium nur noch in Ausnahmefällen zusammentritt.

IDWM basiert auf dem DMS-Produktivsystem (vgl. Abschnitt 5.2.2) der INA, das in zahlreichen Abteilungen installiert ist. Die Entwicklungen fließen jedoch nicht nur in die betriebliche Praxis des Industriepartners ein, sondern fanden z.T. auch Eingang in das DMS/WMS-Tool BusinessFlow der COI GmbH, wie etwa das personelle Ausbrechen aus dem Workflow und die Controlling-Funktionen. Neben dem Referenzmodell trägt dies ebenfalls dazu bei, die Ergebnisse des Projekts anderen Unternehmen zur Verfügung zu stellen.

6   Ausblick

Die Workflow-Aktivitäten von IDWM sind sukzessive mit zusätzlicher IV-Unterstützung auszustatten. Zu denken wäre hierbei u.a. an eine verfeinerte Preisbildung, indem man das z.Zt. nicht eingesetzte wissensbasierte Preisbildungssystem PREBEX [Leis91] - ähnlich wie TADDY - reaktiviert und in den Workflow einbindet. Über die Anfrage-/Angebotsabwicklung hinaus plant die INA Wälzlager Schaeffler KG, weitere Prozesse in IDWM abzubilden, hier insbesondere die Erstauftragsabwicklung. Auch die Reklamationsbearbeitung des Industriepartners bietet sich als dokumentenintensiver Prozeß für den Einsatz eines DMS/WMS an.

WMS berühren aufgrund ihres integrativen Charakters zahlreiche Gebiete der Wirtschaftsinformatik. Aus den vielversprechenden zukünftigen Entwicklungen im Bereich Workflow-Management seien hier vier angesprochen:

1. Die Modellierung und Konfiguration von Workflows (vgl. Abschnitt 2.4.1.2) werden immer mehr "verschmelzen". So hat man beispielsweise die Modellierungsansätze von ODAN in das Produkt BusinessFlow aufgenommen und um eine Schnittstelle erweitert, die Teile des Workflow-Modells, z.B. ein grobes Gerüst des Workflow-Scripts, automatisch generiert. Solche Schnittstellen tragen dazu bei, die Übertragbarkeit von Referenzmodellen aus dem Bereich Dokumenten- und Workflow-Management (vgl. Kapitel 4) wesentlich zu verbessern.

2. Es zeichnet sich ab, daß Anwendungssysteme zu Komponenten "degenerieren", die kein Wissen über die Prozeßzusammenhänge haben und die vom WMS flexibel eingebunden werden. Hier ergeben sich Parallelen zum neueren Forschungsgebiet "ComponentWare" [z.B. Mali95], wobei nicht eine Applikation, sondern ein kompletter Workflow aus vorgefertigten Bausteinen zusammengesetzt wird.

3. Der Workflow-Gedanke wird sich verstärkt auf die zwischenbetriebliche Integration mit Kunden und Lieferanten übertragen. Hierzu ist die Interoperabilität zwischen Workflow-Systemen verschiedener Hersteller zu gewährleisten, ein Hauptanliegen der "Workflow Management Coalition" [z.B. SwIr95, S. 23 ff.]. Ein großes Potential im Zusammenhang mit der zwischenbetrieblichen Integration verspricht auch die Anbindung des Internet-Dienstes World-Wide Web (WWW), indem z.B. ein vom Kunden generiertes Anfrage- oder Reklamationsformular im WWW einen innerbetrieblichen Workflow anstößt.

4. Zahlreiche Forschungsbemühungen begegnen der mangelnden Flexibilität von WMS. Einen reizvollen Ansatz bietet die Idee der "lernenden WMS". Die Grundüberlegung besteht darin, zunächst nur ein grobes Gerüst des Prozesses vorzugeben, wobei das System auf Basis erweiterter Prozeßaufzeichnungen mit der Zeit Erfahrungen sammelt und den Workflow immer zielgerichteter und detaillierter unterstützt. Denkbar ist z.B., ähnliche historische Workflows über CBR-Mechanismen heranzuziehen und im Sinne einer Know-how-Datenbank ehemals "erfolgreiche" Maßnahmen, wie Aktivitätenreihenfolgen, Bearbeiter- oder Dokumentenselektionen, auf den aktuellen Prozeß zu übertragen.

Literaturverzeichnis

AaPl94   Aamondt, A. und Plaza, E., Case-Based Reasoning: Foundational Issues, Methodological Variations, and Systems Approaches, AI Communications 7 (1994) 1, S. 39 ff.

AbSa94   Abbott, K.R. und Sarin, S.K., Experiences with Workflow Management: Issues for the Next Generation, Proceedings of the Conference on Computer Supported Cooperative Work (CSCW '94), Chapel Hill 1994, S. 113 ff.

Appl93   Appleton, E.L., Link Corporate Data and Documents, Datamation 39 (1993) 7, S. 65 ff.

AToJ   AT - The Applied Technologies Group (Hrsg.), Integrating Imaging with Existing Systems, o.O., o.J.

AtBr95   Attaluri, G.K., Bradshaw, D.P., Coburn, N., Larson, P.-A., Martin, P., Silberschatz, A., Slonim, J. und Zhu, Q., The CORDS Multidatabase Project, IBM Systems Journal 34 (1995) 1, S. 39 ff.

BaWe95   Bahmann, E. und Wenzel, P., SAP Business Workflow zur Steuerung von Geschäftsprozessen, in: Wenzel, P. (Hrsg.), Geschäftsprozeßoptimierung mit SAP R/3 - Modellierung, Steuerung und Management betriebswirtschaftlich-integrierter Geschäftsprozesse, Braunschweig/Wiesbaden 1995, S. 101 ff.

Balz90   Balzert, H., HIPO, in: Mertens, P. (Hrsg.), Lexikon der Wirtschaftsinformatik, 2. Aufl., Berlin 1990, S. 202 ff.

BeCr92   Belkin, N.J. und Croft, W.B., Information Filtering and Information Retrieval: Two Sides of the Same Coin?, Communications of the ACM 35 (1992) 12, S. 29 ff.

Blai84   Blair, D.C., The Data-Document Distinction in Information Retrieval, Communications of the ACM 27 (1984) 4, S. 369 ff.

Bohn94   Bohn, R.E., Measuring and Managing Technological Knowledge, Sloan Management Review 35 (1994) 4, S. 61 ff.

BuJa95   Bußler, C. und Jablonski, S., Policy Resolution for Workflow Management Systems, Proceedings of the 28th Annual Hawaii International Conference on System Sciences (HICSS '95), Hawaii 1995, S. 831 ff.

CaFe90   Casey, R.G. und Ferguson D.R., Intelligent Forms Processing, IBM Systems Journal 29 (1990) 3, S. 435 ff.

ChRo91   Chrapary, H.-J., Rosenow-Schreiner, E. und Waldhör, K., Das elektronische Organisationshandbuch, in: Lutze, R. und Kohl, A. (Hrsg.), Wissensbasierte Systeme im Büro, München 1991, S. 295 ff.

COI95   COI GmbH (Hrsg.), COI-BusinessFlow 3.2 System Manual, Herzogenaurach 1995.

CuKe92   Curtis, B., Kellner, M.I. und Over, J., Process Modeling, Communications of the ACM 35 (1992) 9, S. 75 ff.

Dave93   Davenport, T.H., Process Innovation - Reengineering Work through Information Technology, Boston 1993.

Doug93   Douglass, D.P. (Hrsg.), The Role of IT in Business Reengineering, I/S Analyzer 31 (1993) 8, S. 1 ff.

EiHi91   Eigner, M., Hiller, C., Schindewolf, S. und Schmich, M., Engineering Database - Strategische Komponente in CIM-Konzepten, München 1991.

ElRo95   Ellis, C. und Rozenberg, G., Dynamic Change within Workflow Systems, Proceedings of the Conference on Organizational Computing Systems (COOCS '95), Milpitas 1995, S. 10 ff.

ErSc95   Erdl, G. und Schönecker, H.G., Studie Workflowmanagement - Workflow-Produkte und Geschäftsprozeßoptimierung, Wiesbaden 1995.

Essw93   Esswein, W., Das Rollenmodell der Organisation: Die Berücksichtigung aufbauorganisatorischer Regelungen in Unternehmensmodellen, Wirtschaftsinformatik 35 (1993) 6, S. 551 ff.

FaFi92   Fanderl, H., Fischer, K. und Kämper, J., The Open Document Architecture: From Standardization to the Market, IBM Systems Journal 31 (1992) 4, S. 728 ff.

File94   FileNet GmbH (Hrsg.), FileNet Workflow-Management bei der Talkline Phone-
            service GmbH, Informationsbroschüre der FileNet GmbH, Bad Homburg 1994.

Firf94   FIR-Forschungsinstitut für Rationalisierung an der RWTH Aachen (Hrsg.), Un-
            ternehmensbefragung Kundenauftragsklärung, Aachen 1994.

Gall94   Galliers, R.D., Information Systems, Operational Research and Business Reengi-
            neering, International Transactions in Operational Research 1 (1994) 2, S. 159 ff.

Geih93   Geihs, K., Infrastrukturen für heterogene verteilte Systeme, Informatik-Spektrum
            16 (1993) 1, S. 11 ff.

Grah95   Grah, J., Erweiterung einer Workflow-Management-Anwendung für ein Maschi-
            nenbauunternehmen um ausgewählte CAS-Funktionen, Studienarbeit, Erlangen
            1995.

Gulb95   Gulbins, J., Optische Archivierung und Dokumenten-Management mit SAP-R/3,
            in: Wenzel, P. (Hrsg.), Geschäftsprozeßoptimierung mit SAP R/3 - Modellierung,
            Steuerung und Management betriebswirtschaftlich-integrierter Geschäftsprozesse,
            Braunschweig/Wiesbaden 1995, S. 149 ff.

GuSe93   Gulbins, J., Seyfried, M. und Strack-Zimmermann, H., Elektronische Archivie-
            rungssysteme - Image-Management-Systeme, Dokument-Management-Systeme,
            Berlin 1993.

Gunz94   Gunzer, P., Teilkonzeption und Realisierung einer Workflow-Management-An-
            wendung in der Angebotsabwicklung eines Maschinenbauunternehmens, Diplom-
            arbeit, Erlangen 1994.

HaSy93   Hasenkamp, U. und Syring, M., Konzepte und Einsatzmöglichkeiten von
            Workflow-Management-Systemen, in: Kurbel, K. (Hrsg.), Tagungsband
            "Wirtschaftsinformatik '93", Heidelberg 1993, S. 405 ff.

HeSa88   Heilmann, H., Sach, W. und Simon, M., Organisationsdatenbank und Organisati-
            onsinformationssystem, HMD 25 (1988) 142, S. 119 ff.

Helm90   Helms, R.M., Introduction to Image Technology, IBM Systems Journal 29 (1990)
            3, S. 313 ff.

Herr95   Herrmann, T., Workflow Management Systems: Ensuring Organizational Flexibility by Possibilities of Adaptation and Negotiation, Proceedings of the Conference on Organizational Computing Systems (COOCS '95), Milpitas 1995, S. 83 ff.

Hess94   Hessenauer, A., Konzeption und prototypische Realisierung eines Modellierungswerkzeuges zur Analyse von Geschäftsprozessen - dargestellt am Beispiel der Workflow-System-Einführung in einem Maschinenbauunternehmen, Diplomarbeit, Erlangen 1994.

HiKa90   Hinkelmann, K. und Karagiannis, D., Vorgangsaspekte im Dienstleistungsbereich, in: Reuter, A. (Hrsg.), GI-Jahrestagung "Informatik auf dem Weg zum Anwender", Berlin 1990, S. 166 ff.

Hint94   Hinterhuber, H., Paradigmenwechsel: Vom Denken in Funktionen zum Denken in Prozessen, Journal für Betriebswirtschaft 44 (1994) 2, S. 58 ff.

Hoff95   Hoff, O., Konzeption und Realisierung eines Elektronischen Produktkataloges und Integration in eine Workflow-Management-Anwendung eines Maschinenbauunternehmens, Studienarbeit, Erlangen 1995.

Hüsc92   Hüsch, H.-J., Kundenorientierte Angebotsabwicklung in der Investitionsgüter-Industrie, Dissertation, Köln 1992.

IBM81   IBM (Hrsg.), Business Systems Planning - Executive Overview, 2. Ed., New York 1981.

Jabl95a   Jablonski, St., Workflow-Management-Systeme - Modellierung und Architektur, Bonn 1995.

Jabl95b   Jablonski, St., Workflow-Management-Systeme: Motivation, Modellierung, Architektur, Informatik-Spektrum 18 (1995) 1, S. 13 ff.

Jezu93   Jezussek, E., Analyse und Konzeption von Schnittstellen der Daten- und Dokumentenverarbeitung im Industriebetrieb - dargestellt an einem Unternehmen des Maschinenbaus, Diplomarbeit, Nürnberg 1993.

KäMe94   Käckenhoff, R., Merten, D. und Meyer-Wegener, K., MOSS as a Multimedia-Object Server, in: Lenz, R. und Wedekind, H. (Hrsg.), Aspects of Advanced Data Management, Arbeitsbericht Nr. 5 des Instituts für Mathematische Maschinen und Datenverarbeitung (IMMD) der Universität Erlangen-Nürnberg, Erlangen 1994, S. 121 ff.

Karb94   Karbe, B., Flexible Vorgangssteuerung mit ProMInanD, in: Hasenkamp, U., Kirn, St. und Syring, M. (Hrsg.), CSCW - Computer Supported Cooperative Work - Informationssysteme für dezentralisierte Unternehmensstrukturen, Bonn 1994, S. 117 ff.

KaRa90   Karbe, B., Ramsperger, N. und Weiss, P., Support of Cooperative Work by Electronic Circulation Folders, SIGOIS Bulletin 11 (1990) 2, S. 109 ff.

Keyf94   Keyfile Corp. (Hrsg.), Bringing Ideas to Market at NordicTrack, Keyfile Documentary o.Jg. (1994) 1, S. 1.

Kolo93   Kolodner, J., Case-Based Reasoning, San Mateo 1993.

Krän95   Kränzle, H.-P., Dokumentenmanagement: Technik und Konzepte, HMD 31 (1995) 181, S. 26 ff.

Krcm92   Krcmar, H., Computerunterstützung für die Gruppenarbeit - Zum Stand der Computer Supported Cooperative Work Forschung, Wirtschaftsinformatik 34 (1992) 4, S. 425 ff.

Kric95   Krickl, O.C., Business Redesign - Neugestaltung von Organisationsstrukturen unter besonderer Berücksichtigung der Gestaltungspotentiale von Workflowmanagementsystemen, Wiesbaden 1995.

Lams95b   Lamskemper, R., Dokumenten-Retrieval & Workflow-System in der Versicherungsgruppe der Deutschen Bank, in: Mummert + Partner GmbH (Hrsg.), Tagungsunterlagen (Vorträge) zum 3. Forum Vorgangsbearbeitung, Frankfurt 1995, Vortrag 6.

Lams95a   Lamskemper, R., Konzernweit und erfolgreich, Business Computing o.J. (1995) 6, S. 104 ff.

Leis91   Leis, U., Redesign und Erweiterung eines wissensbasierten Systems zur Preisbildung in einem Maschinenbauunternehmen, Diplomarbeit, Nürnberg 1991.

LeAl94 Leymann, F. und Altenhuber, W., Managing Business Processes as an Information Resource, IBM Systems Journal 33 (1994) 2, S. 326 ff.

LeRo94 Leymann, F. und Roller, D., Business Process Management with FlowMark, Digest of Papers of the Spring COMP '94, San Francisco 1994, S. 230 ff.

LiAm92 Liu Sheng, O.R., Amaravdi, C.S., Aiken, M.W. und Nunamaker, J.F., IOIS: A Knowledge-Based Approach to an Integrated Office Information System, Decision Support Systems o.Jg. (1992) 8, S. 269 ff.

Maie93 Maier, R., Ein Vorgehensmodell zur Bewertung von Vorgangsbearbeitungssystemen, in: Klöckner, K. (Hrsg.), Groupware-Einsatz in Organisationen, St. Augustin 1993, S. 95 ff.

Mali95 Malischewski, C., ComponentWare, Wirtschaftsinformatik 37 (1995) 1, S. 65 ff.

MaGr84 Matschke, R., Grosse, W., Kempf, W., Mertens, P., Schiller, W., Springer, R. und Zielinski, B., Das Konzept einer Know-how-Datenbank im Industriebetrieb, Angewandte Informatik 26 (1984) 11, S. 471 ff.

MeWi92 Medina-Mora, R., Winograd, T., Flores, R. und Flores, F., The Action Workflow Approach to Workflow Management Technology, Proceedings of the Conference on Computer-Supported Cooperative Work (CSCW '92), Toronto 1992, S. 281 ff.

Meie95 Meier, M., Konzeption und prototypische Realisierung einer Controlling-Komponente für ein Workflow-Management-System zur Unterstützung des Angebotsprozesses eines Maschinenbauunternehmens, Diplomarbeit, Nürnberg 1995.

MeGr93 Mertens, P. und Griese, J., Integrierte Informationsverarbeitung 2 - Planungs- und Kontrollsysteme in der Industrie, 7. Aufl., Wiesbaden 1993.

MeHo86 Mertens, P. und Hofmann, J., Aktionsorientierte Datenverarbeitung, Informatik-Spektrum 9 (1986) 5, S. 323 ff.

MeMo94a Mertens, P. und Morschheuser, St., Stufen der Integration von Daten- und Dokumentenverarbeitung, Wirtschaftsinformatik 36 (1994) 5, S. 444 ff.

MeBo93 Mertens, P., Borkowski, V. und Geis, W., Betriebliche Expertensystem-Anwendungen, 3. Aufl., Berlin 1993.

Mert93   Mertens, P., Brauchen wir eine Wende in der Softwareforschung?, Wirtschaftsin-
          formatik 35 (1993) 3, S. 213 f.

MeBr94   Mertens, P., Breuker, J., Lödel, D., Ponader, M., Popp, H. und Thesmann, St.,
          Angebotsunterstützungssysteme für Standardprodukte, Informatik-Spektrum 17
          (1994) 5, S. 291 ff.

Mert95   Mertens, P., Integrierte Informationsverarbeitung 1 - Administrations- und Dispo-
          sitionssysteme in der Industrie, 10. Aufl., Wiesbaden 1995.

MeMo94b   Mertens, P., Morschheuser, St. und Raufer, H., Beitrag eines Workflow-
          Management-Systems zur Integration von Daten- und Dokumentenverarbeitung,
          HMD 31 (1994) 176, S. 45 ff.

Mert92   Mertens, P., Zugangssysteme ("Intelligent Front-Ends"), Wirtschaftsinformatik 34
          (1992) 3, S. 269 ff.

Mich91   Michalski, G.P., The World of Documents, Byte 16 (1991) 4, S. 159 ff.

MoRa95   Morschheuser, St. und Raufer, H., Integrated Document and Workflow Manage-
          ment applied to the Offer Processing of a Machine Tool Company, Proceedings of
          the Conference on Organizational Computing Systems (COOCS '95), San Jose
          1995, S. 106 ff.

MoRa96   Morschheuser, St., Raufer, H. und Wargitsch, C., Challenges and Solutions of
          Document and Workflow Management in a Manufacturing Enterprise: A Case
          Study, Proceedings of the Hawaii International Conference on System Sciences
          (HICSS '96) - Digital Documents Track, Hawaii 1996, S. 4 ff.

MoRa94   Morschheuser, St., Raufer, H., Jezussek, E. und Mertens, P., Referenzmodell ei-
          ner integrierten Daten- und Dokumentenverarbeitung im Industriebetrieb - darge-
          stellt am Beispiel der kundenwunschorientierten Anfrage-/Angebotsabwicklung
          von Maschinenbauunternehmen, Arbeitspapier Nr. 2/1994 des Bereichs Wirt-
          schaftsinformatik I der Universität Erlangen-Nürnberg, Nürnberg 1994.

NaHi94   Nastansky, L. und Hilpert, W., The GroupFlow System: A Scalable Approach to
          Workflow Management between Cooperation and Automation, in: Wolfinger, B.
          (Hrsg.), 24. GI-Jahrestagung "Innovationen bei Rechen- und Kommunikationssy-
          stemen", Hamburg 1994, S. 473 ff.

NeDi95   Nevis, E.C., DiBella, A.J. und Gould, J.M., Understanding Organizations as Learning Systems, Sloan Management Review 36 (1995) 1, S. 73 ff.

OV94   O.V., Eine wirklich patente Lösung, IBM Nachrichten 44 (1994) 317, S. 47 ff.

OrHa94   Orfali, R., Harkey, D. und Edwards, J., OLE vs. OpenDoc: Are All Parts Just Parts?, Datamation 40 (1994) 22, S. 38 ff.

PaMc92   Palermo, A.M. und McCready, S.C., Workflow Software: A Primer, in: Coleman, D. (Hrsg.), Proceedings of the Conference on Groupware '92, San Mateo 1992, S. 155 ff.

Petr94   Petrovic, O., Lean Management und informationstechnologische Potentialfaktoren, Wirtschaftsinformatik 36 (1994) 6, S. 580 ff.

RaGo95   Rao, V.S. und Goldmann-Segall, R., Capturing Stories in Organizational Memory Systems: The Role of Multimedia, Proceedings of the 28th Annual Hawaii International Conference on System Sciences (HICSS '95), Hawaii 1995, S. 333 ff.

Rauf96   Raufer, H., Dokumentenorientierte Modellierung und Controlling von Geschäftsprozessen als Beitrag zu einem integrierten Workflow-Management - dargestellt am Angebotsprozeß von Maschinenbauunternehmen, Dissertation, Nürnberg 1996.

RaMo95   Raufer, H., Morschheuser, St. und Enders, W., Ein Werkzeug zur Analyse und Modellierung von Geschäftsprozessen als Voraussetzung für effizientes Workflow-Management, Wirtschaftsinformatik 37 (1995) 5, S. 467 ff.

Rech94   Rechlin, A., Entwicklung einer State-of-the-Art-Datenbank für Dokumenten- und Workflow-Management-Systeme sowie deren Anwendungen, Diplomarbeit, Erlangen 1994.

ReWe92   Reinwald, B. und Wedekind, H., Integrierte Aktivitäten- und Datenverwaltung zur systemgestützten Kontroll- und Datenflußsteuerung, Informatik Forschung und Entwicklung 7 (1992) 2, S. 73 ff.

Rein93   Reinwald, B., Workflow-Management in verteilten Systemen, Stuttgart 1993.

Rupi92   Rupietta, W., Organisationsmodellierung zur Unterstützung kooperativer Vorgangsbearbeitung, Wirtschaftsinformatik 34 (1992) 1, S. 26 ff.

SAP94   SAP AG (Hrsg.), System R/3 - Funktionen im Detail - Business Workflow, Funktionsbeschreibung, Walldorf 1994.

Sche95   Scheer, A.-W., Wirtschaftsinformatik - Referenzmodelle für industrielle Geschäftsprozesse, 6. Aufl., Berlin 1996.

ScFu94   Schlatter, M., Furegati, R., Jeger, F., Schneider, H. und Streckeisen, H., The Business Object Management System, IBM Systems Journal 33 (1994) 2, S. 239 ff.

Schm92   Schmidt, S., Modellierung von Büroinformationssystemen - Ein organisationsorientierter Ansatz, Zürich 1992.

Schn95   Schneider, U.H., Documents at Work - die virtuellen Dokumente kommen, HMD 31 (1995) 181, S. 8 ff.

Scho92   Schorr, G., Computergestützte Planungs- und Kontrollsysteme für das Branchen- und Produktmanagement im Komponentengeschäft, Dissertation, Nürnberg 1992.

Schr95   Schreiber, R., Workflow Imposes Order on Transaction Processing, Datamation 41 (1995) 14, S. 57 ff.

Schu87   Schumann, M., Eingangspostbearbeitung in Bürokommunikationssystemen - Expertensystemansatz und Standardisierung, Berlin 1987.

Some84   Somerville, P.J., Use of Images in Commercial and Office Systems, IBM Systems Journal 23 (1984) 3, S. 281 ff.

Spra95   Sprague, R.H., Electronic Document Management: Challenges and Opportunities for Information System Managers, MIS Quarterly 19 (1995) 1, S. 29 ff.

Stai93   Staiti, C., Make Workflow Changes on the Fly, Datamation 39 (1993) 19, S. 81 f.

StMe90   Steppan, G. und Mertens, P., Computer-Aided Selling - Neuere Entwicklungen bei der DV-Unterstützung des industriellen Vertriebs, Informatik-Spektrum 13 (1990) 3, S. 137 ff.

Step90   Steppan, G., Informationsverarbeitung im industriellen Vertriebsaußendienst - Computer Aided Selling (CAS), Berlin 1990.

SwIr95   Swenson, K.D. und Irwin, K., Workflow Technology: Tradeoffs for Business Process Re-engineering, Proceedings of the Conference on Organizational Computing Systems (COOCS '95), Milpitas 1995, S. 22 ff.

Syri92   Syring, M., Möglichkeiten und Grenzen kommunikationsorientierter Systeme zur Unterstützung arbeitsteiliger Prozesse im Büro, Wirtschaftsinformatik 34 (1992) 2, S. 201 ff.

Thé94   Thé, L., E-Forms Get Smarter, Datamation 40 (1994) 23, S. 67 ff.

VDI91   VDI - Gesellschaft Entwicklung, Konstruktion, Vertrieb (Hrsg.), Informationssysteme in der Angebotsbearbeitung, Düsseldorf 1991.

Venk94   Venkatraman, N., IT-Enabled Business Transformation: From Automation to Business Scope Redefinition, Sloan Management Review 35 (1994) 1, S. 73 ff.

Wach94   Wachs, D., Konzeption und Realisierung einer Organisationsdatenbank für ein Workflow-Management-System zur Unterstützung kundennaher Geschäftsprozesse eines Maschinenbauunternehmens, Studienarbeit, Erlangen 1994.

WäFr95   Wächter, H., Fritz, F.J., Berthold, A., Drittler, B., Eckert, H., Gerstner, R., Götzinger, R., Krane, R., Schaeff, A., Schlögel, C. und Weber, R., Modellierung und Ausführung flexibler Geschäftsprozesse mit SAP Business Workflow 3.0, in: Huber-Wäschle, F., Schauer, H. und Widmayer, P. (Hrsg.), GISI 95 - Herausforderungen eines globalen Informationsverbundes für die Informatik, Berlin u.a. 1995, S. 197 ff.

WaUn91   Walsh, J.P. und Ungson, G.R., Organizational Memory, Academy of Management Review 16 (1991) 1, S. 57 ff.

Wede95   Wedekind, H., Zum Problem des Schemaentwurfs von Workflow-Management-Systemen, in: Huber-Wäschle, F., Schauer, H. und Widmayer, P. (Hrsg.), GISI 95 - Herausforderungen eines globalen Informationsverbundes für die Informatik, Berlin u.a. 1995, S. 223 ff.

WhFi94   White, T.E. und Fischer, L. (Hrsg.), The Workflow Paradigm - The Impact of Information Technology on Business Process Reengineering, Alameda 1994.

Wild93   Wildemann, H., Modulare Unternehmensstrukturen und schlanke Geschäftsprozesse als Voraussetzung für einen effizienten EDV-Einsatz, in: Ploenzke AG (Hrsg.), Tagungsband "EDM", Frankfurt 1993.

Zloo82   Zloof, M.M., Office-by-example: A Business Language that Unifies Data and Word Processing and Electronic Mail, IBM Systems Journal 21 (1982) 3, S. 272 ff.

GPSR Compliance
The European Union's (EU) General Product Safety Regulation (GPSR) is a set
of rules that requires consumer products to be safe and our obligations to
ensure this.

If you have any concerns about our products, you can contact us on

ProductSafety@springernature.com

In case Publisher is established outside the EU, the EU authorized
representative is:

Springer Nature Customer Service Center GmbH
Europaplatz 3
69115 Heidelberg, Germany